AI 한국사 게임

AI 한국사 게임

삼국시대의 재미있는 이야기 (1)

글 은하수　일러스트 무나

하나미디어

목차

등장인물 · · · · · · · · · · · · · · · · · 6
편집부에서 · · · · · · · · · · · · · · · 10
프롤로그 · · · · · · · · · · · · · · · · · 9

■ 첫 번째 이야기 - 선덕여왕을 만나다
1장. 신라의 퀸 · · · · · · · · · · · · · · 28
2장. 월성과 명활산성에서 · · · · · · 49
3장. 안녕, 선덕여왕 · · · · · · · · · · 66

■ 두 번째 이야기 - 소서노를 만나다
4장. 두 번째 결혼 · · · · · · · · · 84
5장. 비류와 온조의 분노 · · · · · · 107
6장. 백제를 세우다 · · · · · · · · 121

■ 세 번째 이야기 - 연개소문을 만나다
7장. 고구려의 대막리지 · · · · · · · 138
8장. 안시성에 가다 · · · · · · · · 159
9장. 이세민을 꺾은 연개소문 · · · · 180

AI 한국사 게임 (1) 등장인물

1. 선덕여왕 편

1) 선덕여왕 : 신라의 제 27대 왕. 진평왕의 첫째 딸로서 공주 시절에는 덕만공주라고 불렸다. 삼국유사에는 천명공주와 선화공주 등 진평왕의 딸이 세 명 있다고 기록되어 있는데, 왕위 계승을 놓고 성골이 왕위를 이어야 한다는 의견이 우세하여 신라 최초의 여왕으로 즉위하여 서기 632년부터 647년까지 신라를 다스렸다.

2) 김유신 : 삼국 통일을 이룬 신라의 명장. 금관가야의 마지막 왕 구형왕의 증손자로서 누이동생 문희를 김춘추와 혼인시키고, 김춘추와 함께 비담과 염종 세력을 제압했으며, 백제 의자왕의 거센 공세로부터 신라를 지켜냄으로써 삼국 통일의 발판을 마련했다.

2. 소서노 편

1) 소서노 : 고구려와 백제 두 나라의 건국에 있어서 큰 역할을 한 인물로 알려져 있다. 백제의 건국 설화에 등장하는데, 비류 설화에는 졸본 사람 연타발의 딸이라고 소개하고 있으나, 온조 설화에는 이름이 나오지 않고, 졸본부여의 둘째 공주라고만 소개하고 있다.

2) 주몽 : 고구려의 건국 시조. 동부여를 탈출하여 고구려를 건국했으며, 활쏘기에 뛰어나서 주몽이라는 이름으로 알려졌는데, 정식 왕호는 '추모왕'이다.

3) 유리 : 주몽과 예씨 왕후의 아들로서 고구려의 2대 왕인 '유리명왕'이 되어서 수도를 국내성으로 옮겼다. 우리나라에서 가장 오래 된 고대 시가 '황조가'의 지은이로도 알려져 있다.

4) 비류 : 소서노의 첫째 아들로 알려져 있으며, 온조 백제와 별개로 비류 백제를 건국했으나, 후에 그가 세운 백제는 온조의 백제에 합쳐졌다고 전한다.

5) 온조 : 백제의 건국 시조이며, 지금의 서울 송파구 일대 한강 유역에 백제를 건국했다. 훗날 온조의 백제가 비류의 백제를 흡수하면서 더욱 강력한 국가로 성장하였다.

3. 연개소문 편

1) **연개소문** : 고구려의 정치가. 영류왕과 그의 가까운 신하들이 자신을 죽이려고 한다는 정보를 알아내고 영류왕과 그 무리들을 죽인 뒤, 보장왕을 고구려의 새로운 왕으로 옹립했다. 서기 645년, 당 태종 이세민이 이를 구실로 고구려를 침공하자 당나라군을 격퇴했고, 서기 661년 당나라의 2차 침공 때도 사수대첩을 이끌어내며 대승을 거두었다. 당나라 사람들에게도 깊은 인상을 남긴 영웅이었으나, 아들들 사이의 불화 때문에 그가 죽은 후 고구려는 자멸하고 말았다.

2) **양만춘** : 고구려 보장왕 때 안시성 성주로 알려져 있다. 안시성주는 645년, 당 태종 이세민이 요동성·개모성·백암성 등을 함락시킨 후, 안시성을 공격하자 군사들과 백성들과 힘을 합쳐 당나라군을 물리쳤다. 그러나, 정사(역사책)에는 이름이 전하지 않고 있어서 그의 이름은 영화나 드라마 등에는 자주 등장하지만 역사학자들은 안시성주라고만 부른다.

〈편집부에서〉

공부가 게임처럼 재미있으면 얼마나 좋을까? 아마도 많은 어린이들이 그런 생각을 해 보았을 것입니다. 이 책은 특별히 한국사에 등장하는 중요한 인물과 사건에 대한 이야기를 읽으면서 게임처럼 재미있게 한국사와 역사 인물을 만날 수 있도록 기획했습니다. 한국사에 등장하는 역사 인물들의 삶에서 중요한 순간을, 그리고 한국사에서 아주 중요한 순간을 접하면서 한국사를 그저 공부해야 할 과목 중의 한 가지가 아니라, 게임보다도 더 재미있게 접할 수 있기를 바랍니다.

교과연계

사회 5학년 2학기 1단원 우리 역사의 시작과 발전
사회 6학년 1학기 1단원 조선 사회의 새로운 움직임
사회 6학년 1학기 2단원 근대 국가 수립을 위한 노력과 민족 운동
도덕 4학년 2학기 6단원 함께 꿈꾸는 무지개 세상

프롤로그

 2월이 끝나가고 있었지만 아직은 날씨가 추웠다. 시간을 확인해 보니 저녁 8시 35분이었다. 준하는 몹시 배가 고팠다. 하루 종일 여러 학원에 다니느라고 피곤하기도 했다.
 '이제 6학년이 되면 더 늦게 끝나겠구나.'
준하는 그런 생각을 하면서 대로변에 있는 편의점에 들어가 컵라면 코너로 갔다. 준하는 컵라면 한 개를 고르고는 다시 음료수 코너로 갔다.
 '콜라나 사이다를 마실까? 아니면 뭘 마실까?'
 준하는 음료수를 고르다가 문득 소다 음료에 눈길

이 갔다.

'어? 오렌지 맛이 나왔네? 한번 마셔 볼까?'

준하는 소다 음료도 한 개 집어 들고는 계산대로 갔다. 새로 온 아르바이트생인지, 처음 보는 직원이 계산대 아래쪽을 가리키면서 말했다.

"소다 음료는 증정품이 있네요."

"증정품이요? 뭔데요?"

"그 소다 음료를 처음 구매하신 고객분은 VR 안경을 드리고요, 두 번째 손님부터는 소다 캔디에요. 그런데, 고객님이 신제품을 첫 번째 구매하셨네요."

"그래요? 그 VR 안경으로 뭘 보는 거예요?"

"잘 모르겠네요."

"어쨌든 그걸로 받을게요."

"네, 여기 있습니다."

대학생쯤으로 보이는 알바생은 준하에게 꼬박꼬박 존댓말을 쓰면서 말했다. 준하는 VR 안경을 받아서 살펴보았다.

'장난감인가? 뭐할 때 쓰는 거지? 뭐, 사은품으로 주는 건데, 장난감 수준이겠지.'

준하는 계산을 마친 다음 VR 안경을 가방에 넣고는 컵라면을 뜯어 뜨거운 물을 붓고, 음료수 캔 뚜껑을 뜯었다. 갈증이 났는데, 소다 음료를 한 모금 마시니 목이 시원했다.

'오렌지 맛 꽤 맛있는데?'

준하는 소다 음료를 한 모금 더 마시고는, 나무젓가락으로 컵라면을 먹기 시작했다. 저녁에 학원 수업이 끝난 후에는 꼭 컵라면을 먹고 싶었다. 준하는 '후루룩' 소리를 내면서 맛있게 먹었다.

컵라면을 거의 다 먹어갈 무렵에 핸드폰 진동이 울렸다. 준하는 왼손으로 핸드폰을 꺼냈다.

'아, 정말……. 엄만 또 전화야?'

준하는 투덜대면서 전화를 받았다.

"엄마."

"너, 왜 집에 안 오니? 또 컵라면 먹는 거야?"

"응. 배고파서."

"배고프면 집에 와서 간식 먹으면 되잖아? 무슨 컵라면을 날마다 먹고 있어? 몸에 좋지도 않은데 말이야."

"학원 끝나면 컵라면이 생각나서……."

"얼른 집으로 와."
"다 먹었으니까 곧 갈게."
 준하는 전화를 끊고 나서 마지막 한 젓가락을 먹고 컵라면 국물을 통에다 버렸다. 그러고는 남아 있는 음료수도 다 마신 뒤, 캔을 쓰레기통에 버렸다.

 집에 도착하자 엄마가 식탁 앞에 앉은 채로 준하를 노려보고 있었다. 준하는 덜컥 겁이 났다. 갑자기 머리 위로 폭탄이라도 떨어질 것 같은 기분이었다.
"도대체 넌 뭐 하고 다니는 거니?"
"왜, 왜 그러는데?"
"영어 학원 쌤하고 통화했는데, 아주 엉망이라고 하더라. 며칠 전에 수학 쌤하고 통화했을 때도 형편없다고 해서 정말 어이가 없었는데, 영어까지 말이야. 넌 도대체 잘하는 게 뭐니?"
 엄마가 그렇게 말하자 준하는 할 말이 없었다.
"공부나 책에는 관심도 없고, 게임이나 좋아하고 말이야. 네가 자신 있게 잘한다고 할 수 있는 과목이 뭐야? 이제 넌 6학년이야! 그리고, 곧 중학교 간다고! 정신 차려!"

준하는 그대로 꿀먹은 벙어리가 되었다.
"학교 과목에 게임이 있으면 1등 할 텐데 말이야. 도대체 뭐가 되려고 저러는지 모르겠네? 먹는 거나 좋아하고 말이야. 얼른 샤워하고 영어 숙제 해!"
준하는 화장실에 들어가서야 비로소 숨을 쉴 수가 있었다.
샤워한 뒤에 책상 앞에 앉으니까 한숨만 나왔다.
'공부가 게임처럼 재미있으면 얼마나 좋을까? 아, 숙제 진짜 많네? 영어 학원 숙제 좀 조금만 내 주면 안 되나?'
준하는 밤늦게까지 영어 숙제를 했다. 이제 밤 12시가 되면 2월의 마지막 날이었다. 그리고 하루가 더 지나면 3월이 시작되고 준하는 초등학교 시절의 마지막 학년을 맞이하게 되는 것이었다.
'아, 힘들다.'
준하는 영어 숙제를 하다가 문득 또 배가 고파짐을 느꼈다.
'뭘 좀 먹고 잘까?'
준하는 거실에서 빵을 가져와서 책상 앞에 앉아서 먹었다. 그리고, 가방을 정리하려고 가방을 열었다가 편의점에서 사은품으로 받은 VR 안경이 눈에 띄자 그것을 꺼냈다.

'이거 뭐할 때 쓰는 거야? 진짜 VR 안경은 아니겠지?'

준하는 의자에 앉은 채로 VR 안경을 써 보았다. 약간 어두워 보이기만 할 뿐, 특별한 것은 없었다.

'역시 겉보기에만 VR 안경이고 장난감이 맞구나. 그런데, 왜 이렇게 가볍지? 쓴 것 같지도 않네?'

VR 안경은 무게가 얼마나 나가는지 몰라도 아무것도 안 쓴 것처럼 가볍게 느껴졌다.

'장난감이라서 그렇겠지.'

준하는 VR 안경을 집어서 벗으려고 했다.

'어?'

그런데, 어떻게 된 일인지 안경이 벗겨지지 않았다.

'이게 어떻게 된 거야?'

안경은 마치 준하의 귀에 접착된 것처럼 딱 붙어서 떨어지지 않았다.

'왜 이러는 거야? 귀신 붙은 안경인가?'

그런데, 갑자기 눈앞에서 빛이 나는 것 같은 느낌이 들었다.

'뭐야? 아, 눈부셔!'

준하는 눈이 부셔서 눈을 감았다. 그리고, 잠시 후에 다시 눈을 떴다. 그런데, 준하의 방 벽면에 홀로그램 같은 것이 보이더니, 갑자기 눈앞에 파란색 자막이 보였다.

가상 현실 세계에 오신 것을 환영합니다! 가상 현실을 현실로 바꾸어 드리겠습니다. 당신의 가장 큰 걱정거리나 고민은 무엇입니까? AI 음성 인식 기능을 통해서 저희에게 전달이 되니, 열 글자 이내로 말해 주세요!

열 글자까지 생각할 필요도 없었다.
"공부!"
준하가 말하자 바로 다른 자막이 나타났다.

당신은 공부가 가장 큰 고민이라고 대답했습니다. 저희는 당신의 공부에 도움이 되기를 원합니다. 당신은 초, 중, 고등, 성인 과정 중에서 어떤 과정을 학습 중이십니까?

"초등!"
준하가 대답하자 이어서 자막이 나타났다.

당신은 초등 과정을 학습 중이라고 대답하셨습니다. 초등 과정을 몇 년째 공부 중이십니까?

'음. 내가 이제는 6학년이니까……'
"6년째입니다!"
다시 자막이 이어졌다.

초등 6년차시군요! 다음 화면의 자막을 보고 저희가 도움을 드리기를 원하는 과목을 말해 주세요.

 준하는 과목 이름이 쭉 나타나자 잠시 생각했다.
'음. 영어를 잘하고는 싶은데, 별로 흥미가 생기지는 않는단 말이야. 수학은 더 싫고…… 엄마가 나한테 자신 있게 잘한다고 할 수 있는 과목이 뭐냐고 했으니까 한 과목이라도 잘하는 과목이 있으면 엄마가 칭찬을 조금이라도 해 주거나 아니면 덜 구박할 텐데 말이야. 그나마 어떤 과목이 덜 지루하려나?'

준하는 자막에 보이는 과목 이름을 보다가 생각했다.
'어? 초등 과정이라고 했는데, 과목 이름에 한국사도 있네? 맞아. 초등학생도 한국사 능력 검정 시험에 응시할 수 있지?'
"한국사를 잘 할 수 있게 도와주세요!"
다시 자막이 보였다.

당신은 한국사를 잘하기를 원하시는군요. 그렇다면, 시대순으로 공부하는 한국사 공부를 도와드릴까요? 아니면, 인물과 함께 배우는 한국사를 도와드릴까요?

'음. 어떤 것이 나을까?'
아무래도 역사 인물과 함께 배우는 한국사가 조금 더 나을 것 같았다. 전에 엄마가 시대순으로 정리되어 있는 한국사 책을 사 주었지만, 너무 공부를 위한 책인 것 같고, 내용도 어려워서 흥미롭게 읽지 못했기 때문이었다.
"인물과 함께 배우는 한국사를 도와주세요!"
다시 자막이 나타났다.

당신의 한국사 공부를 재미있게 도울 수 있는 AI 가상 인간을 소개해 드리겠습니다. 눈을 감고 셋까지 세어 보시기 바랍니다.

준하는 눈을 감고 마음속으로 셋을 셌다.
'하나! 둘! 셋!'
그리고, 준하는 눈을 떴다. 그런데, 갈색 머리에 푸른 눈을 가지고 있는 여자가 나타났다. 그리고는 준하를 향해 찡긋 웃더니 말을 걸었다.
"준하야, 안녕!"
"헉! 누구세요? 한국사 쌤이세요?"
"뭐, 쌤이라기보다 너의 학습을 도와 줄 도우미야. 그리고, 난 AI 가상 인간이니까 반말 써도 돼."
"가상 인간? 그래도 어른이잖아요?"
"가상 인간인데, 어른인지 어린애인지가 큰 의미가 있을까? 그러니까 상관없어. 비록 난 가상 인간이지만 너하고 친구처럼 지내고 싶거든."
"알았어. 그럼, 반말로 말할게."
"반가워! 난 리카라고 해."
"내 이름은 이준하야. 리카? 예쁜 이름인 것 같아."

"내 이름 리카(Rica)는 스페인어로 승리자라는 뜻이 있어."

"좋은 이름인 것 같아. 그런데, 한국사를 잘 할 수 있도록 나를 도와준다고?"

"난 한국사 도우미라서 너의 한국사 스탯을 팍팍 올려주는 것이 나의 임무이니까 뭐든지 물어봐."

"그런데, 한국사 도우미라면 왠지 한복을 입고 머리도 땋았을 것 같은데, 갈색 머리에다 눈도 파란색이고⋯⋯ 뭔가 안 어울리는 느낌이야."

"그런 생각부터 바꾸면 좋겠어. 왜냐하면 역사를 공부하려면 생각이 유연해야 해."

"생각이 유연해야 한다는 것은…?"

"역사나 역사 인물을 바라보는 눈이 너무 고정되어 있으면 안 돼. 역사 공부는 하면 할수록 새로운 주장이나 근거가 나올 수 있으니까 말이야."

"아하."

"준하야. 너, 게임 좋아하니?"

"게임? 진짜 좋아해. 그런데, 엄마 때문에 마음껏 하지는 못해."

"역시 게임을 좋아하는 애들이 많구나. 네가 한국

사를 게임하듯이 재미있게 배울 수 있도록 도와주는 것이 내 목표야."

"오!"

"게임 소리만 들어도 좋아하는구나!"

"어떻게 하면 게임을 할 때처럼 한국사를 공부할 수 있는데?"

"시간 여행을 가는 거야."

"시간 여행? 타임머신이 진짜 있단 말이야?"

"준하야. 메타버스의 세계에서 안 되는 것이 어디 있어?"

준하는 리카의 말을 듣고 상기된 표정을 지었다. 시간여행이라니, 상상만 해도 기대가 되었다.

"지금 네가 쓰고 있는 VR 안경이 타임머신의 역할을 할 거야."

"이 안경이?"

준하는 흥분이 되어서 자기도 모르게 목소리를 높였다. 그때, 방문이 열리더니 엄마가 들어왔다. 준하는 엄마를 보고 깜짝 놀랐다. 방에서 낯선 여자와 대화하는 모습을 보면 엄마가 놀랄 것은 뻔한 일이었다. 그런데, 엄마는 준하를 보더니 물었다.

"너, 그 안경은 뭐야?"

"이거 편의점에서 증정품으로 준 거야."

"나이가 몇 살인데 그런 장난감 같은 걸 쓰고 있는 거야? 누구랑 통화 중이었니?"

"통화?"

"지금 전화하는 소리 들리던데?"

 통화라고 말하는 것을 보니까 엄마의 눈에는 리카가 보이지 않는 것 같았다. 생각해 보니, 엄마는 VR 안경을 쓰고 있지 않으니, 리카의 모습을 볼 수도 없었고 목소리를 들을 수도 없을 것이었다.

 준하는 시치미를 떼고 가만히 있었다.

"영어 학원 숙제는 다 한 거야?"

"거의 다 했어."

"전화 그만하고 어서 숙제해."

"알았어."

 엄마는 못마땅한 눈초리로 준하를 힐끗 쳐다보고는 방에서 나갔다.

 엄마가 나가자 준하는 목소리를 낮추어서 리카에게 말했다.

"휴, 간 떨어질 뻔했어."

리카가 웃으면서 물었다.

"엄마가 그렇게 무섭니?"

"세상에서 제일 무서워. 나는 들키는 줄 알고 깜짝 놀랐어."

"엄마는 VR 안경이 없으니, 날 볼 수 없어. 염려하지 마."

"그런데, 이 VR 안경으로 시간 여행을 어떻게 하는 거야?"

"그 VR 안경에는 음성 인식 기능과 함께 눈에 잘 보이지 않는 작은 버튼이 여러 가지 있어. 시간 여행 갈 때 자세히 설명해 줄게. 언제 갈까?"

"내일 가면 좋겠는데, 그 다음다음 날이 개학이라서 살짝 고민되네."

"네가 시간 여행을 가더라도 이곳에서의 시간은 정지되어 있으니까 걱정하지 마."

"뭐? 그럼, 과거로 가서 몇 년 동안을 살더라도 이곳의 시간은 가지 않는단 말이야?"

"물론이지."

"그럼, 내일 갈게! 내일도 학원에 가야 하니까 다녀와서 말이야."

"잘 생각했어. 그럼, 내일 언제라도 좋으니까 준비가 되면 날 불러."

"어떻게 부르면 되는데?"

"처음에는 그 VR 안경을 쓰면 내가 나타나도록 설정되어 있었지만, 앞으로는 나하고 만나려면 그 VR 안경을 쓴 채로 안경테의 가운데 부분에 있는 작은 버튼을 누르면 돼. 그러면 바로 나하고 연결될 거야."

"알았어. 그럼, 내일 연락할게."

"그리고, 시간 여행 가서 역사 인물 중에서 누구를 만날지도 생각해 놔."

"하, 만나고 싶은 역사 인물이 많은데……"

"그러니까 생각해보고, 내일 날 불러."

"생각해 놓을게."

"오늘 반가웠어. 그러면, 내일 만나!"

리카는 그렇게 말하고는 순식간에 준하의 눈앞에서 사라졌다.

'어? 어디로 갔지?'

리카가 사라지자 준하는 VR 안경을 벗었다. 그리고, 다시 써 보았으나, 리카는 나타나지 않았다.

'이게 진짜 VR 안경인가? 아무리 봐도 장난감처럼 생겼는데?'

그런데, VR 안경을 벗어서 보니 리카가 말한 것처럼 가운데 부분에 작은 버튼이 있었다. 그리고 안경테의 왼쪽과 오른쪽에도 작은 버튼이 있었다.

'좋아. 그러면 내일 시간 여행을 간단 말이지?'

준하는 VR 안경을 벗어놓고 영어 학원 숙제를 마치자마자 바로 잠이 들었다.

첫 번째 이야기
선덕여왕을 만나다

1장
신라의 퀸

다음 날, 준하는 학원 수업을 마치고 집으로 가면서 리카를 떠올렸다.

'오늘 리카와 함께 시간 여행을 가기로 했지? 그런데, 역사 인물 중에서 누구를 만나러 가지?'

준하는 인터넷에서 한참 동안 여러 역사 인물에 대해 검색하다가 '왕과 대통령'에 대해 찾아보았다. 그런데, '왕과 대통령'이라고 검색어를 넣어보니 여러 나라의 왕과 대통령이 함께 검색되었다. 검색된 내용 중에는 학생들 몇 명이 AI 선생님과 대화하는 내용이 나왔다.

AI 쌤: 미국에서는 버락 오바마가 최초의 흑인 대통령으로 당선된 바 있습니다. 처음에는 미국에 노예로 끌려갔던 흑인들이었지만 오랫동안 설움과 멸시를 딛고 오랜 시간이 지나서야 흑인 대통령이 탄생한 것이죠.

하율: 선생님. 미국에서 여성 대통령이 당선된 적은 없어요?

AI 쌤: 빌 클린턴 대통령의 부인 힐러리 클린턴이 대통령 후보로 나간 적은 있는데, 도널드 트럼프에 패해서 당선은 되지 못했어요.

하율: 그럼, 여왕이 다스린 나라는 어떤 나라가 있어요? 영국 말고 또 있어요?

선호: 신라에도 있었잖아?

하율: 아, 그렇지?

AI 쌤: 여왕이라고 하면 엘리자베스 여왕, 빅토리아 여왕으로 유명한 영국이 떠오르겠지만 러시아의 예카테리나 여제(여자 황제)도 빼놓을 수 없겠죠. 그 밖에 네덜란드나 스페인, 포르투갈 같은 나라에도 여왕이 있었어요.

민아: 선생님. 그러면 중국이나 일본에는 여왕이

있었어요?

AI 쌤: 중국에서는 당나라 고종의 왕비였던 무측천이 나라 이름을 주나라로 바꾸어서 15년 동안 중국을 다스렸어요. 그리고, 일본에서는 스이코 천황, 고교쿠 천황(또는 사이메이 천황이라고 함)을 비롯하여 일곱 명의 여왕이 있었다고 해요.

민아: 그럼, 우리나라에는 여왕이 모두 몇 명 있었어요?

AI 쌤: 한국의 왕조 중에는 유일하게 신라에만 세 명의 여왕이 있었어요. 그중에서도 최초의 여왕이 누군지 아는 사람!

민규: 선덕여왕이요!

AI 쌤: 그렇죠. 선덕여왕이죠? 선덕여왕의 뒤를 이은 진덕여왕과 신라 말의 진성여왕 등 세 명의 여왕이 있었어요.

준하는 검색된 내용을 읽어보면서 생각했다.

'광개토대왕이나 세종대왕도 만나 보고 싶지만, 여왕은 흔치 않으니까 어떤 인물이었는지 왠지 더 궁금해지는데……'

준하는 선덕여왕에 대해 다시 검색해 보았다.

〈신라 진평왕의 첫째 딸로서 서기 632년, 신라의 제27대 왕이 되어서 647년까지 신라를 다스렸다. 공주 시절에는 덕만공주라고 불렸는데, 왕위 계승을 놓고 성골이 왕위를 이어야 한다는 의견이 우세하여 신라 최초의 여왕으로 즉위하게 되었다.〉

'그럼, 리카한테 선덕여왕을 만나러 가자고 해 볼까? 그런데, 시간 여행 다녀오려면 한참 걸릴 테니까 든든히 먹고 가자.'
집 근처에 이르자 편의점이 보였다. 준하는 편의점에 들어가서 컵라면과 삼각김밥, 음료수를 사서 먹으면서 생각했다.
'시간 여행이라니! 정말 기대된다.'
준하는 컵라면을 재빨리 먹고, 남은 삼각김밥도 먹은 뒤 음료수를 벌컥벌컥 마셨다. 그리고, 라면 국물과 쓰레기를 휴지통에 버리고 편의점에서 나왔다.
집에 도착하니 엄마는 외출중이었다.

'잘 됐다. 집에 나 혼자 밖에 없으니까 얼른 리카를 부르자.'

준하는 책상 위에 놓아둔 VR 안경을 꺼내서 썼다. 그리고 VR 안경의 안경테 가운데에 있는 버튼을 눌렀다. 눈앞에서 빛이 환하게 비추는 듯하더니, 리카가 나타났다.

"준하야. 안녕!"

"리카, 안녕!"

"누구를 만나러 갈지 생각해 봤니?"

"응. 생각해 봤어. 선덕여왕이야."

"그러면, 한국의 삼국 시대로 가야겠네?"

"맞아! 시간여행 가려고 든든히 먹어두었어. 그런데, 삼국 시대로 가면 뭘 먹지?"

"벌써 먹는 것이 걱정되는구나?"

"당연하지. 먹는 것이 가장 중요하니까."

"그래서 시간 여행을 가면 넌 매직 포인트와 아이템을 획득해야 해."

"매직 포인트는 뭐고, 아이템은 뭐야?"

"매직 포인트는 너의 학습적인 습득력, 자신감, 모험심과 용기 등을 포함해서 시간 여행뿐만 아니라 앞으로 너의 전체적인 능력치를 높이기 위해서 올려야 하는 점수를 말해. 매직 포인트가 높아지면 높아질수록 시간 여행하는 데도 도움이 될 뿐만 아니라 현실 세계에서도 너에게 많은 도움이 될 거야. 너, 무시당하는 거 싫지?"

"당연하지. 우선은 엄마가 날 무시하지 않았으면 좋겠고, 그다음엔 친구들에게 무시당하지 않았으면 좋겠어."

"그러니까 매직 포인트를 높여야 하는 거야."

"그럼, 아이템은 뭐야?"

"아이템은 네가 시간 여행 중에 생존하기 위해 필요한 필수품이라고 할까? 워터 아이템, 푸드 아이템, 무기 아이템, 지혜 아이템 등을 얻어야 할 거야."

"그런 아이템이 없으면 난 죽는 거야?"

"죽지는 않지만, 죽도록 고생하겠지."

"그런 아이템이 어떻게 생기는 건데?"

"시간 여행 중에 돌발 퀴즈가 나올 거야. 그러면, 그 퀴즈의 난이도나 횟수에 따라서 아이템을 획득하게 돼. 뭐, 물이나 음식 같은 기본 아이템은 얻어 먹는 일도 있을 수 있지만, 그런 것이 늘 있지는 않으니까. "

"왠지 재미있을 것 같기도 하고, 힘들 것 같기도 하네? "

"겁부터 내지 말고 너의 능력치를 높이기 위해서는 일단 부딪쳐 봐야 해. "

"그렇지만 난 아까 검색 조금 해 본 것 말고는 아무것도 몰라서 퀴즈를 내도 못 맞힐 텐데? "

"처음이니까 일단 부담갖지 말고 시간 여행해 봐. 시간 여행을 하면 할수록 점점 능력치를 키우는 것이 중요해. "

"참, 누나라고 불러도 돼? "

"네가 부르고 싶으면 누나라고 불러도 되고 아니면 서양식으로 그냥 리카라고 이름을 불러도 돼. "

"알았어. 리카 누나! 그럼, 편한 대로 부를게. "

"이제 시간 여행을 떠나볼까? "

"좋아! "

"네가 쓰고 있는 VR 안경에는 시각뿐만 아니라 청각과 후각 기능도 모두 함께 들어 있어. 그러니까 시간을 뛰어넘어서 이동할 때 천둥소리가 들리고, 번개가 치더라도 놀라지 마. 시간 여행할 때 나타나는 현상이니까 말이야. 3초 후에 출발할게."

 리카가 말을 마치고 3초가 지나자마자 갑자기 귀에서 천둥소리가 들리더니, 눈앞에 번개가 번쩍였다.

"아이쿠!"

 준하는 엄청난 소리에 깜짝 놀랐다. 몇 초 동안 천둥 번개가 치더니, 잠시 후에 준하는 마치 드라마 세트장 같은 낯선 곳에 서 있었다.

"이곳은 경주의 월성 안에 있는 신라의 궁궐이야."

"신라의 궁궐? 경주라고? 그런데, 옛날 사람들이 나를 보면 이상하게 생각하지 않을까? 옷차림도 그렇고……"

"전혀 그러지 않을걸? 날 봐."

"어?"

 리카는 어느새 준하의 옆에 있었다. 얼굴은 변함없었지만, 어느샌가 머리 색깔도 검게 바뀌어 있었고, 옷차림도 옛날 사람들의 옷차림을 하고 있었다.

"어떻게 된 거야? 집에서 나하고 말할 때는 그냥 홀로그램 같았는데, 지금은 사람 같네?"

"지금도 홀로그램이야. 단지, 사람처럼 보일 뿐

이지, 난 여전히 가상 인간이야. 날 만져볼래?"

준하는 손을 휘저어서 리카를 만져보려고 했지만, 준하의 손은 허공을 젓고 있을 뿐이었다.

"진짜 안 만져지네?"

"그럼, 옛날 사람들에게 리카는 보이는 거야? 안 보이는 거야?"

"보이기는 하지만, 당연히 만질 수는 없어."

"그럼, 옛날 사람들이 나는 만질 수 있어?"

"만질 수 있지."

"헉! 그러면, 붙잡히면 어떡하지?"

"그러니까 지금부터 부지런히 아이템을 획득해야 하는 거야."

"그런데, 내 옷차림이나 VR 안경을 쓰고 있는 걸 보면 옛날 사람들이 이상하게 생각할 것 같은데?"

"VR 안경은 옛날 사람들에게는 보이지 않아. 시간 여행할 때는 VR 안경이 투명한 상태로 변하기 때문에 아무것도 안 쓰고 있는 것처럼 보일 뿐이야."

"오, 그래?"

"그리고, 준하 너 역시 시간 여행을 하면 프로그래밍한 데이터에 의해서 나처럼 그 시대 사람들의 옷차림으로 자동으로 바뀌게 되어 있어. 네가 입고 있는 옷을 봐."

준하는 리카의 말을 듣고 그제야 자신이 옛날 사람들의 옷을 입고 있다는 사실을 깨달았다.

"정말 그러네? 신기하다!"

"준하 너, 키가 어떻게 되니?"

"최근에 155센티미터였어."

"내가 생각했던 것보다 넌 키가 꽤 큰 편이구나? 나는 어차피 홀로그램일 뿐이지만, 너보다는 몇 센티 크게 보일 거야."

"내 누나처럼 보이겠네?"

"그리고, 난 성인의 얼굴인데, 넌 얼굴이 앳되기도 하니까."

"암튼 내가 옛날 신라의 궁궐에 오다니, 정말 신기해!"

준하의 눈앞에 불꽃놀이 할 때처럼 불꽃이 번쩍였다.

"어? 뭐야?"

그리고는 준하의 눈앞에 갑자기 오렌지색 화면과 함께 빨간색 자막이 나타났다.

〈돌발 퀴즈〉
신라의 제27대 왕이면서 한국사 최초의 여왕은 누구입니까?

준하는 문제를 보고 생각했다.
"어? 갑자기 생각이 안 나네? 내가 지금 그분을 만나러 온 건데, 왜 생각이 안 나지?"
준하는 리카를 힐끗 보면서 물었다.
"갑자기 생각이 안 나! 그리고, 생각이 나면 어떻게 대답하는 거야?"
"돌발 퀴즈는 음성 인식 기능으로 대답하는 거니까 그냥 말로 대답하면 돼."
"근데, 답이 뭐였더라?"
준하는 머리를 싸매고 생각했다. 그런데, 갑자기 답이 생각나서 준하는 큰 소리로 말했다.
"맞다! 선덕여왕!"
그 순간, 눈앞에 화면이 나타나더니, 자막이 보였다.

정답입니다! 신라의 제27대 왕이면서 한국사 최초의 여왕은 선덕여왕입니다. 푸드 아이템 10포인트와

워터 아이템 20포인트를 획득했습니다. 해당 아이템은 AI 저장소에 저장되며, 원할 때 음성 인식 기능을 통해서 사용할 수 있습니다.

준하는 소리를 지르면서 말했다.
"와! 정답이다! 내가 아이템을 획득했어!"
"첫 번째 아이템을 획득했구나."
"그렇지만 이렇게 쉬운 문제를 가지고 생각이 안 나서 헤매다니……"
"어쨌든 아이템은 저장되었으니까 필요할 때 사용할 수 있을 거야."
"물이든, 음식이든 내가 필요한 것을 음성 인식으로 말하면 된다는 거지?"
"그렇지. 물이 필요하면 워터 아이템이라고 말하고 음식이 필요하면 푸드 아이템이라고 말하면 될 거야. 원하는 메뉴를 말한다고 해서 그 메뉴가 나오는 것은 아니고, 네가 가지고 있는 아이템만큼 필요한 것이 나올 거야."
"어쨌든 음성 인식 기능이 많이 사용되네?"
"맞아. 인공 지능 중에서 중요한 기능이니까. 준

하야. 잠시 후에 궁궐 안에서는 중요한 보고가 있을 거야. 그리고, 선덕여왕은 큰 충격을 받게 될 거야."

"무슨 일인데?"

그때, 관복을 입고 있는 신하들이 바쁘게 움직이는 모습이 보였다. 준하가 그 모습을 보고 말했다.

"정말 무슨 일이 있나 본데?"

"우리도 저 신하들을 따라가자."

준하와 리카는 신하들을 따라가기 시작했다.

마침 그때 선덕여왕은 바깥에서 산책 중이었다. 준하는 50대 정도로 보이는 여성이 입은 옷을 보니까 선덕여왕이라는 것을 알 수 있었다.

'저 분이 선덕여왕이구나.'

인자한 모습의 선덕여왕이 천천히 걷고 있었고, 자주색 관복을 입은 신하들과 시녀들이 그 뒤를 따라가고 있었다. 그때, 군사 한 명이 달려오더니 선덕여왕에게 말했다.

"대왕 폐하! 당나라에 사신으로 갔던 자가 돌아왔습니다."

"그래? 당나라 황제의 대답을 가지고 왔다더냐?"
"네. 곧 도착할 것입니다."

잠시 후, 당나라에 사신으로 갔던 사람이 달려오더니 땅바닥에 무릎을 꿇고 선덕여왕에게 인사를 했다. 선덕여왕은 사신에게 물었다.

"그래, 당나라에 간 일은 어찌 되었는가? 당 황제가 우리 신라를 도와준다고 했는가?"

"폐하. 그것이…… 확실한 대답을 얻지 못하였습니다."

"확실한 대답을 얻지 못하다니? 지난해에 백제가 우리 신라를 침공하여 무려 40여개의 성을 빼앗기고 요새 중의 요새인 대야성까지 함락당하여 나라가 지금 존망의 위기에 놓여 있는데, 확실한 대답을 얻지 못하면 어찌하란 말인가? 내가 그대를 당에 사신으로 보낸 이유를 모른단 말인가?"

"그, 그것이…… 당나라 황제가 전하라고 한 말을 소신이 차마 말씀드리기가 어렵습니다."

"무엇이 말하기 어렵단 말인가? 지체하지 말고 어서 말해보아라! 당나라 황제가 뭐라고 대답했는가?"

사신은 난처한 표정으로 대답을 계속 망설이다가 선덕여왕이 재촉하고 옆에 있던 신하들도 눈치를 주자 겨우 입을 열었다.

"신라는 여자가 왕이 되었기 때문에 이웃 나라들이 우습게 여기고 적국의 침범이 끊이지 않으니, 당나라 황제의 조카, 송진 중의 한 명을 신라의 왕으로 대신 세우는 것이 어떻겠는가 이렇게 대답했습니다."

"뭐라고?"

사신의 말에 선덕여왕과 주위에 있던 중신들 모두가 큰 충격을 받은 표정이었다. 모두 얼굴이 백지장처럼 하얗게 되어서 아무런 말도 꺼내지 못했다. 선덕여왕은 침통한 표정으로 말했다.

"당 황제가 정말 그렇게 말했다는 것이냐? 나 대신에 자기 조카를 신라의 왕으로 세우라니, 우리 신라를 얼마나 우습게 여겼길래 그런 말을 할 수 있단 말이냐?"

옆에 있던 신하들이 그제야 입을 열었다.

"당나라가 우리 신라를 하찮게 여기고 있음이 틀림없습니다. 지난해에 백제에게 대야성을 빼앗겼을 때 김춘추 공이 고구려에 사신으로 가서 도움을 청했을 때 고구려 측은 김춘추 공을 붙잡아 놓고 있다가 한참 만에 돌려보냈으니, 고구려 또한 우리 신라를 업신여기고 있음이 분명합니다."

"폐하. 더구나 백제의 공격은 날로 거세지고 있습니다. 무언가 나라의 위엄을 살릴 방법을 찾아야 합니다."

선덕여왕은 한참 동안 말이 없었다. 신하들은 모두 왕이 말하기만을 기다리고 있었다. 한참 뒤, 선덕여왕은 침묵을 깨고 말했다.

"자장 법사가 나에게 건의를 해 온 일이 있소."

자장 법사는 당나라에 유학을 다녀온 신라의 승려였다. 신하들은 선덕여왕을 쳐다보며 물었다.

"그것이 무엇입니까? 폐하."

"황룡사에다 구층탑을 세우는 일이오."

"황룡사에 구층탑을 세운단 말입니까?"

"그리하면 주변 나라들이 우리 신라를 우습게 여기지 못할 것이고, 주위의 나라들이 모두 우리 신라에 무릎을 꿇게 될 것이오."

그러나, 신하들은 어이없다는 표정을 지었다. 한

신하가 말했다.

"폐하. 지금 나라가 큰 위기에 빠져 있고, 주변 나라들이 우리 신라를 멸시하고 있는데, 그것은 좋은 방법이 아닌 것 같습니다."

"그렇습니다. 폐하. 지금은 군사력을 강화해야 할 때입니다."

"그러니까 다른 나라들이 우리 신라를 멸시하지 못하도록 황룡사 구층탑을 건립하겠단 말이오!"

선덕여왕이 강력하게 말하자 모두 더 이상 아무 말도 하지 못했다.

"모두 물러들 가시오!"

선덕여왕은 그렇게 말하더니 시녀들만 데리고 선덕여왕은 궁궐 안에 있는 연못가로 걸어갔다. 준하와 리카도 들키지 않도록 조심하면서 그 뒤를 따라갔다. 뒤에는 시녀 두 명만이 서 있었다.

준하가 그 모습을 보고는 리카에게 말했다.

"지금 선덕여왕에게 말을 걸어보면 어떨까?"

"지금은 기분이 무척 안 좋을 텐데?"

"그래도 인상이 좋아 보이시는데?"

"하긴 선덕여왕을 사랑했다고 하는 지귀라는 사

람에 대한 지귀 설화에 담긴 내용을 보았을 때 선덕여왕은 백성들을 사랑하는 어진 왕이었다는 생각이 들어."

"지귀 설화? 그게 뭔데?"

그때, 돌발 퀴즈가 나올 때처럼 갑자기 준하의 눈앞에 오렌지색 화면과 함께 파란색 자막이 나타났다.

〈지귀 설화〉

신라 때 지귀라는 사람이 살고 있었는데, 그는 선덕여왕의 아름다움을 사모하여 크게 고민한 나머지 몸이 점점 여위어 갔다. 어느 날 여왕이 절에 갔다가 지귀가 자신을 사모한다는 이야기를 듣고 지귀를 불렀다. 여왕이 절에서 기도하는 동안 지귀는 탑 아래에서 지쳐 잠이 들었다.

여왕은 기도를 마치고 나오다가 지귀가 잠든 모습을 보고 자기 금팔찌를 뽑아서 지귀의 가슴 위에 놓고 갔다. 잠에서 깬 지귀는 여왕의 금팔찌를 발견하고는 더욱더 여왕에 대한 애정이 불타올라 불귀신으로 변했다. 지귀가 불귀신이 되어 온 세상을 떠돌아다니자 백성들은 두려워하게 되었는데, 이에 선덕여왕

이 백성들에게 주문을 지어 주어 대문에 붙이게 하니, 그 후로는 백성들은 화재를 당하지 않게 되었다고 한다.

준하가 다 읽자 화면과 자막이 사라졌다.
"지귀 설화는 처음 들어봤어. 리카 누나. 그렇게 인자한 분인데, 힘내라고 말씀드리고 싶어."
"그럼, 일단 가 보자."
그런데, 시녀들이 먼저 준하를 발견하고 물었다.
"어머. 넌 누구니?"
"대왕 폐하를 만나 뵈러 누나와 함께 왔어요."
"지금 폐하는 심기가 불편하시다. 그리고, 궁궐은 아무나 함부로 출입할 수 없을 텐데……"
그때, 선덕여왕이 무심코 뒤를 돌아보더니, 준하와 리카를 발견하고는 시녀들에게 물었다.
"그자들은 누군데 거기 서 있는 것이냐?"

<사진 1> 황룡사지

경주에 있는 황룡사터의 모습. 진흥왕 때인 서기 553년에 건립되었는데, 거대한 규모를 자랑하던 황룡사는 지금 이처럼 터만 남아 있다.

2장
월성과 명활산성에서

선덕여왕의 말에 시녀들이 대답했다.

"이 자들이 대왕 폐하를 뵙고 싶다고 합니다."

"나를 만나고 싶다고? 이리 가까이 와 보아라."

준하와 리카는 선덕여왕의 말에 가까이 다가갔다. 그리고는 인사를 드렸다. 리카가 먼저 말했다.

"저희는 대왕 폐하를 뵙고 싶어서 멀리서 왔습니다."

"멀리서 오다니 어디서 왔단 말이냐?"

"폐하께서 살고 계시는 세상과는 다른 세상에서 왔습니다. 그래서 궁궐에 들어올 수 있었습니다."

"알 수 없는 말을 하는구나. 그런데, 어찌하여 나

를 만나고 싶단 말이냐?"

선덕여왕의 질문에 준하가 대답했다.

"우리나라 최초의 여왕이시기 때문에 만나 뵙고 싶었습니다."

"최초의 여왕? 말이 최초의 여왕이지, 지금 내가 앉아 있는 이 자리가 얼마나 고통스러운 자리인지 다른 사람들은 모를 것이다. 난 지금 당장이라도 이 자리를 다른 사람에게 주고 싶다."

준하와 리카는 선덕여왕의 심정이 충분히 이해되었다. 백제는 틈만 나면 신라를 공격해 오고, 고구려와 당을 비롯한 주변 나라들은 신라를 무시하고 있으니 선덕여왕이 아닌 그 누가 신라 왕의 자리에 앉아 있어도 힘들 수밖에 없을 것이었다. 더구나 당 태종 이세민으로부터 여자가 왕이기 때문에 무시를 당한다는 말을 들으며 자기 조카를 대신 왕으로 세우라는 모욕적인 말까지 들었으니 선덕여왕의 충격과 고통이 얼마나 클지 짐작이 가고도 남았다. 리카가 왕에게 말했다.

"그런데, 지금 백제의 왕은 무왕과 신라 선화공주 사이에서 태어난 아들이니까 대왕의 조카가 아닙니까? 그런데 어째서 이렇게 신라를 계속 공격하는 것입니까? 이모가 다스리는 나라하고는 사이좋게 지내야 하지 않나요?"

리카가 말한 백제의 왕은 의자왕을 가리키는 것이었다.

선덕여왕의 조카 의자왕은 시기 642년에 즉위하자마자 대대적인 신라 정벌에 나서서 40여 개의 성을 빼앗고, 신라의 요새인 대야성마저 함락시키면서 대야성 함락 때 김춘추의 딸과 사위가 죽었으니, 신라로서는 엄청난 충격을 받지 않을 수 없었다.

리카의 질문에 선덕여왕이 대답했다.

"백제의 왕은 나의 조카이지만 신라 공주의 아들이라는 이유로 신하들의 거센 반대에 부딪혀 간신히 왕이 되었다. 백제의 성왕이 관산성 전투에서 전사한 이후로 우리 신라와 백제는 원수 사이가 되었으니, 백제의 왕으로서는 우리 신라와의 전쟁에서 승리하는 것만이 자신을 반대했던 신하들과 백성들에게 인정받는 것이겠지. 어쩌면 신라 공주의 아들이라는 시선에서 벗어나기 위해 오히려 이모의 나라인 우리 신라를 더욱더 거세게 공격하고 있는 것인지도 모른다."

옆에서 듣고 있던 준하는 선덕여왕의 대답을 듣고 나니까 고개가 끄덕여졌다. 선덕여왕은 침울한 표정을 지으면서 말했다.

"내가 이 나라의 왕이 된 것은 골품 제도 때문이기는 하지만 여자라고 해서 왕의 역할을 잘하지 못할 거라고 생각하지는 않는다. 다만 지금 우리 신라를 둘러싸고 있는 안팎의 상황이 너무 좋지 않기 때문에 내 어깨가 참으로 무겁구나."

리카가 그렇게 말하는 선덕여왕을 위로하듯이 말했다.

"너무 염려하지 마세요. 두 명의 충신이 대왕께 큰 힘이 되어 드릴 거예요."

"두 명의 충신이라고?"

"네. 저희는 다시 찾아뵈러 오겠습니다."

"내가 너희들의 이름을 기억하고 있을 테니 이름을 말해봐라."

이번에는 준하가 대답했다.

"네. 제 이름은 준하이고, 누나의 이름은 리카입니다."

"그래. 꼭 기억하고 있을게."

리카와 준하는 선덕여왕에게 인사를 하고는 그 자리에서 물러 나왔다. 준하가 리카에게 물었다.

"어디로 가려고 하는 거야?"

"4년 후로 시간을 이동해서 다시 선덕여왕을 만나려고 해. 그때 신라와 선덕여왕은 정말 큰 위기를 맞이하게 되거든."

"그래? 그러면 빨리 그때로 가자. 준하야, 잠깐만."

준하의 눈앞에 불꽃이 보이더니, 갑자기 화면과 함께 자막이 나타났다.

〈돌발 퀴즈〉
선덕여왕이 신라 최초의 여왕이 될 수 있었던 이유는 무슨 제도 때문입니까?

'아까 선덕여왕이 뭐라고 말했는데, 뭐였지?'
준하는 무심코 생각나는 것을 말했다.

"노예 제도!"

그때, 다시 화면과 함께 자막이 나타났다.

**오답입니다! 아이템 획득에 실패했습니다.
정답은 골품 제도입니다.
당시 신라는 성골 남자가 아무도 남지 않게 되었는데, 성골의 신분에게 왕위를 물려주기 위해서 선덕여왕이 왕위를 물려받은 것입니다.**

"틀렸다."
"다음에 또 퀴즈가 나올 테니까 우선 4년 후로 이동하자."

 리카와 준하는 다시 4년 후인 서기 647년의 세상으로 시간 이동을 했다. 서기 647년의 경주 월성에 도착하자 왠지 분위기가 이상했다. 군사들이 바쁘게 오가고 있었고, 삼엄한 경계를 서고 있었다.
"리카, 지금이 4년 후의 신라로 온 거야?"
그런데, 갑자기 리카의 모습이 보이지 않았다.
'이상하다. 왜 리카가 안 보일까?'
 준하는 주위를 두리번거렸다. 갑자기 목이 말랐다. 준하는 문득 돌발 퀴즈로 획득했던 아이템이 생각나서 음성 인식 기능을 이용해서 말했다.

"워터 아이템!"

잠시 후, 준하의 앞에는 물 한 바가지가 놓여 있었다. 준하는 물을 벌컥벌컥 마셨다.

그러자, VR 안경을 통해 준하의 귀에 소리가 들렸다.

"워터 아이템 5포인트를 사용했습니다."

준하는 물을 다 마시고는 큰 소리로 외쳤다.

"리카! 어디 있어? 리카 누나!"

그때, 갑자기 군사들 몇 명이 나타나더니 준하를 보고는 말했다.

"이 놈은 뭐야?"

"수상한 놈 같은데?"

준하는 군사들을 보고 당황하면서 말했다.

"저는 수상한 놈이 아니에요. 나쁜 놈도 아니에요."

"야, 이놈아, 나쁜 놈이 제 얼굴에다 나쁜 놈이라고 써 붙이고 다니냐?"

다른 군사가 말했다.

"앳돼 보이기는 하지만 장군께서 수상해 보이는 놈들은 모조리 잡아 오라고 하셨으니, 일단 장군께

끌고 가자."

군사들이 양쪽에서 준하를 붙잡았다. 그리고는 어디론가 끌고 갔다.

"장군님! 수상한 놈을 잡아 왔습니다!"

군사들이 장군이라고 부른 사람은 나이가 오십 정도 되어 보였는데, 체격이 무척 크고 눈이 부리부리하여 매섭게 느껴졌다. 장군은 준하를 보고는 군사들에게 물었다.

"어린아이가 아니냐? 어디서 붙잡아 온 것이냐?"

"월성 입구에 침투해 있는 것을 발견하고 즉시 붙잡아 왔습니다. 혹시 반란군 측에서 보낸 놈일지도 몰라서 장군께 데리고 온 것입니다."

군사 중의 한 명이 준하에게 말했다.

"어서 장군께 무릎꿇고 인사드리지 못해? 김유신 장군님이시다!"

"김유신 장군님이요?"

"그래. 네 놈의 정체를 사실대로 말씀드리면 목숨은 살려 주실 거다!"

준하는 자신의 눈앞에 서 있는 장군이 김유신이라

는 말에 깜짝 놀랐다. 김유신은 준하를 한참 동안 바라보더니 말했다.

"내가 보기에 너는 수상한 녀석 같지는 않구나. 그렇지만 지금 나라가 큰 위기에 빠져 있어서 비상이기 때문에 군사들이 어린 너까지 붙잡아온 것 같다."

"나라가 큰 위기에 빠지다니요? 적군이 쳐들어왔나요?"

"지금 우리 신라 군사들은 둘로 나누어져서 싸우는 중이다."

"네? 신라 군사들끼리요?"

"상대등 비담과 또 염종, 그리고 그들을 따르는 신하들이 대왕을 쫓아내기 위하여 군사를 일으켰다. 그들은 지금 명활산성에 진을 치고 왕궁을 공격하기 위해 때를 노리는 중이다."

명활산성은 신라의 왕궁이 있는 월성을 방어하는 역할을 했던 성이었다. 그런데, 지금 비담의 군사들이 명활산성을 점령하고 왕궁을 공격할 준비를 하고 있다는 것이었다. 상대등은 신라에서 가장 높은 벼슬이기 때문에 상대등 비담이라는 사람이 군사를 일으켰다면 그냥 반란 정도가 아니라 신라의 조정이 둘로 쪼개진 것이나 다름없었다.

준하는 궁금한 표정으로 김유신 장군에게 물었다.

"그런데, 비담은 왜 대왕 폐하를 쫓아내려고 하는 거예요?"

"비담과 염종 등은 무능력한 여왕이 나라를 다스리기 때문에 우리 신라가 계속 위기를 맞고 있다고 판단하기 때문이다. 그러나, 나와 김춘추 공은 무슨 일이 있어도 대왕 폐하를 지켜드릴 것이다."

준하는 그제야 리카가 선덕여왕에게 말한 두 명의 충신이 김춘추와 김유신이라는 사실을 알았다.

그런데, 김유신은 한숨을 내쉬면서 말했다.

"그런데, 걱정이구나. 대왕 폐하는 충격을 받아서 누워 계시니 말이다."

준하는 김유신의 말을 듣고 놀라는 표정으로 말했다.

"충격을 받아서 누워 계신다고요? 대왕 폐하를 만나게 해 주세요."

"네가 대왕 폐하를 만나서 뭐 하려는 것이냐? 지금 큰 충격을 받고 쓰러지셨다. 의식을 회복하시기는 했지만, 상태가 좋지 않으시다."

준하가 무엇인가를 말하려고 할 때, 군사들이 다가오더니 다급한 목소리로 말했다.

"장군! 큰일 났습니다!"

"무슨 일인데 그러느냐?"

"월성 안으로 방금 유성 하나가 떨어졌습니다."

"뭣이?"

"지금 우리 군사들이 크게 흔들리고 있으며, 명활산성에 있는 비담 군은 사기가 크게 올랐습니다."

실제로 김유신 측에서 보낸 척후병이 명활산성에 가서 비담 군의 상황을 살펴보니, 그들은 이제 승리한 것이나 다름없다고 만세를 부르고 있었다.

"옛날부터 별이 떨어진 뒤에는 그곳에 피가 흐른다는 말이 있지. 이제 월성에 별이 떨어졌으니, 그들이 패하고 우리가 승리할 것이네."

"그래. 딱 보니까 여왕이 죽으려나 보네? 이제 우리가 이긴 것이나 다름없어. 김유신과 김춘추도 끝장이야."

비담의 군사들은 그렇게 말하면서 승리를 확신하고 있었다. 반면에 월성에 있는 선덕여왕과 김유신, 김춘추의 군사들은 사기가 뚝 떨어져 있었다.
 김유신은 깊은 고민에 빠졌다.
 "음. 이를 어쩌면 좋단 말이냐? "
 "준하야! "
 그때, 귀에 익은 목소리가 들렸다. 어느새 리카가 나타나서 준하를 부르고 있었다.
 "어디 있었어? 갑자기 없어져서 찾았는데? "
 그때, 김유신이 리카를 보고는 준하에게 물었다.
 "네가 아는 사람이냐? "
 "네, 장군님! 저의 누나예요! "
 리카는 김유신에게 인사를 했다.
 "안녕하세요! "
 "누나, 이분은 김유신 장군님이셔."
 "나도 알고 있어. 지금 비담의 군사들 때문에 골머리를 앓고 계실 거야. 조금 전에 군사들이 말하는 것을 들었는데, 이곳 월성에 유성이 떨어졌다면서? "
 "그래서 지금 장군께서 걱정하고 계셔. 선덕여왕께서는 충격을 받아서 쓰러지셨대."
 리카는 김유신에게 다가가서 말했다.

"장군님. 좋은 생각이 있어요."

"좋은 생각이라니?"

"지금 유성이 성안에 떨어져서 군사들의 사기가 꺾였잖아요?"

"그렇지. 지금 이대로라면 패배하는 것은 불을 보듯이 뻔한 일이다. 내가 비담의 군사들을 막아내기 위해서 소식을 듣고 압량주에서 달려왔지만 지금 상황이라면 승리를 장담할 수가 없다."

"그러면 적진에 유성을 떨어뜨리면 돼요."

"적진에 유성을 떨어뜨리다니?"

"유성처럼 보일만한 것을 만들어서 명활산성에 떨어뜨리면 되지 않을까요?"

"유성처럼 보일만한 것이라?"

김유신은 잠시 생각하더니, 다시 말했다.

"그래. 정말 유성처럼 보이는 것을 명활산성에 떨어뜨리면 되겠구나. 그렇다면……"

김유신은 군사들을 불러서 말했다.

"너희들은 지금 당장 가벼운 허수아비와 연을 한 개씩 가지고 오너라! 다른 군사들이 모르게 가져와야 한다!"

"예, 장군!"

김유신은 군사들에게는 무엇에 쓰려고 하는지는 말하지 않고 월성 성벽 쪽으로 갔다. 그리고는 말했다.

"마침 바람이 이쪽에서 명활산성 쪽으로 부는구나. 정말 다행이야. 이것은 우리 군사들의 사기를 올리기 위한 심리전이니, 너희들도 비밀을 지켜야 한다!"

"네, 물론이죠."

준하와 리카는 동시에 대답했다.

김유신은 허수아비에 불을 붙이고는 그것을 연에다 매달았다. 그리고는 준하와 리카에게 말했다.

"이것을 띄워 보내면 명활산성 쪽으로 날아갈 것이다."

김유신이 띄워 보낸 허수아비는 연에 매달려서 바람을 타고 높이 날아갔다. 그 모습을 본 월성의 군사들이 외쳤다.

"저것 좀 봐! 유성이야!"

"유성이 다시 하늘로 날아가고 있다!"

"월성에 떨어졌던 유성이 명활산성 쪽으로 날아가고 있어!"

잠시 후, 허수아비와 연은 명활산성 쪽으로 날아가더니 성안에 떨어졌다. 사기가 뚝 떨어졌던 월성의 군사들은 다시 사기가 크게 올랐다.

"피를 부르는 유성은 명활산성에 떨어졌다!"

"이제 반드시 우리가 이긴다!"

김유신은 군사들의 모습을 보고는 명령을 내렸다.

"지금 즉시 성문을 열고 나가 명활산성을 공격하여라!"

<사진 2> 황룡사지 목탑터

황룡사의 목탑이 있던 자리. 아파트 높이로 27층에 이르는 거대한 목탑은 고려 말, 몽골의 침략 때 불에 타버렸고, 지금은 이렇게 터만 남아 있다. 선덕여왕은 황룡사 구층탑을 통해 백성들의 마음을 하나로 모으고, 불교의 힘을 빌려서 나라를 지키고자 했다.

3장
안녕, 선덕여왕

 사기가 오른 월성의 군사들은 명활산성에 있는 비담군을 거세게 공격했다. 그런데, 비담의 군사들은 유성이 다시 명활산성에 떨어졌다는 소문을 듣고 사기가 떨어져서 힘을 쓰지 못했다.

 결국 선덕여왕을 지키려던 김유신과 김춘추의 군사들이 승리를 거두었고, 선덕여왕을 폐위시키려고 했던 비담과 염종은 모두 붙잡히고 말았다.

 김유신은 자기 군사들이 승리했다는 소식을 듣고 부하들에게 말했다.

 "비담과 염종을 비롯한 반란의 주모자들을 모두

처단해라!"

그 순간, 준하의 눈앞에는 갑자기 불꽃놀이와 함께 화면과 자막이 나타났다.

〈돌발 퀴즈〉
골품 제도에서 선덕여왕은 신분이
××이었기 때문에 왕이 될 수 있었습니다.
××에 들어갈 단어는 무엇입니까?

'뭐였지? 맞아. 무슨 〈골〉 자가 들어갔던 것 같은데?'
준하는 갑자기 큰소리로 외쳤다.
"맞다! 해골!"

오답입니다! 아이템 획득에 실패했습니다.
선덕여왕은 골품 제도에서 부모가 모두 왕족인 성골이었기 때문에 왕위를 이어받았습니다.

그때, 부하 중의 한 명이 김유신에게 달려와서 말

했다.

"장군! 대왕 폐하께서 위중하십니다. 장군을 찾고 계십니다!"

"뭣이?"

그때, 리카가 김유신에게 말했다.

"저희도 대왕 폐하를 만나게 해 주세요."

"대왕 폐하를?"

"네. 꼭 만나 뵙고 싶습니다."

"좋다. 그럼, 어서 따라오너라."

준하와 리카는 김유신을 따라 궁궐로 갔다. 선덕여왕은 침실에 누워 있다가 김유신을 보고 말했다.

"장군. 어서 오시오."

그러나, 목소리에는 기운이 없었다. 선덕여왕의 옆에는 키가 크고 체격이 좋은 남자가 서 있었다.

"유신 공. 수고가 많았소. 그 아이들은 누구요?"

"춘추 공. 이번 싸움에서 우리에게 도움을 준 남매들입니다. 대왕 폐하를 뵙고 싶다고 해서 데리고 왔습니다. 폐하께 인사를 드려라."

준하와 리카는 선덕여왕에게 다가가서 인사를 했

다. 그러자, 선덕여왕이 누워 있는 채로 준하와 리카를 보고 깜짝 놀라는 표정으로 말했다.

"너희들은 몇 년 전에 궁궐 안에서 만났던 그 아이들이로구나."

"네. 맞습니다."

"너희들이 말대로 김춘추 공과 김유신 공 두 명의 충신이 나에게 큰 힘이 되어 주었고, 나를 지켜 주었구나. 그렇지만 나는 이제 이 세상에서의 삶은 다 산 것 같다."

"네?"

그때, 김춘추와 김유신을 비롯하여 선덕여왕의 충신들이 다 모여들자, 여왕은 신하들을 향해 말했다.

"내가 살날이 이제 얼마 남지 않았으니, 내가 죽으면 낭산(경주 남산) 남쪽의 도리천에 나를 묻어 주시오. 그리고, 경들에게 우리 신라를 부탁하오."

그런데, 선덕여왕은 그 말을 하고는 다시 무슨 말을 하려다 말고 정신을 잃었다. 김춘추와 김유신을 비롯한 신하들이 모두 걱정스러운 표정으로 말했다.

"폐하! 정신을 차리십시오!"

"폐하! 일어나셔야 합니다."

그때, 리카가 준하에게 귓속말로 말했다.

"이제 선덕여왕을 다시 만났으니, 우린 이곳에서 빠져나가자."

준하와 리카는 그곳을 빠져나왔다. 선덕여왕의 침전에서 나온 뒤, 리카가 준하에게 말했다.

"이제 첫 번째 시간 여행이 끝났어."

"벌써?"

"그만 돌아가자."

"어떻게 돌아가면 돼?"

"네가 쓰고 있는 VR 안경의 오른쪽 버튼을 누르면 원래 있던 곳으로 돌아가게 될 거야."

"알았어."

준하는 리카의 말대로 VR 안경의 오른쪽 버튼을 눌렀다. 갑자기 비가 오는 소리가 들리더니, 어느새 준하는 자기 방 책상 앞에 앉아 있었다.

그리고, 리카는 홀로그램이 되어서 준하의 앞에 서 있었다.

"첫 번째 시간 여행 어땠니?"

"아주 즐거운 모험이었어! 또 가고 싶어!"

"그런 모험을 계속하면서 너는 공부 못해서 구박받고, 자신감 없는 아이에서 점차 용기와 자신감을 가진 아이로 바뀌게 될 거야."
"정말 그럴까?"
"자, 이거 받아."
리카가 준하에게 내민 것은 조그만 태블릿이었다.
"어? 태블릿이잖아?"
"그것은 나하고 연락할 수 있는 도구야."

"그러면 이걸로 게임이나 다른 인터넷은 할 수 없는 거야?"

"그렇지. 그것은 오직 메타버스 세계하고만 연결된 거니까 나하고 연락을 주고 받을 때 사용하는 걸로 생각하면 돼. 화면에 보면 '리카'라는 앱이 있거든. 메시지 교환 기능도 있으니까 그걸로 연락해. 뭐, 한국사 학습용 태블릿이라고 생각해도 되는데, 리카 태블릿이라고 기억해 줘."

"리카 태블릿?

준하는 무엇인가를 물어보려고 했지만, 리카는 어느새 준하의 눈앞에서 사라지고 없었다.

시간을 확인해 보니까 리카와 함께 시간 여행을 떠나기 전 시간과 같았다. 시간 여행 속에서는 몇 년의 시간을 뛰어넘었지만, 현실에서는 시간이 흘러가지 않은 것이었다.

'정말 시간이 가지 않았네?'

그때 엄마가 방문을 열고 들어왔다.

"뭐 하고 있니?"

"어? 엄마."

엄마는 준하가 들고 있는 태블릿을 보더니 말했다.

"너, 그건 어디서 난 거니?"

"이거? 빌린 거야. 학습용으로."

"뭐? 게임용이 아니고?"

"진짜 게임용 아니야."

"개학 얼마 안 남았으니까 게으름 피울 생각하지 말고 공부해."

엄마가 방문을 닫고 나가자 준하는 입을 내밀면서 생각했다.

'하여튼 날마다 공부, 공부. 엄마가 날마다 게임 해라 이렇게 말하면 얼마나 좋을까?'

준하는 자신의 핸드폰으로 첫 번째 시간 여행에서 만난 선덕여왕에 대해 검색해 보았다. 그리고는 다시 리카가 준 태블릿을 만져보다가 '리카' 앱에 들어가 보았다. 앱에 들어가자, 안내 메시지가 자동으로 준하에게 전송되었다.

안녕하세요! AI 가상 인간 리카와 소통하는 공간입니다. 리카에게 연락하고 싶으면 지금 바로 메시지를 보내보세요! 보내고 싶은 말을 생각하면, 인공 지

능을 통해서 하고 싶은 말이 전해집니다.

준하는 리카에게 하고 싶은 말을 생각해 보았다.
- 준하 : 리카 누나, 지금 뭐 해?

신기하게도 준하가 생각한 내용이 문자 메시저처럼 리카에게 전달되었다. 메시지가 전송된 순간, 리카 앱의 배경 화면에 리카의 모습이 나타났다.
- 리카 : 네 연락을 기다리고 있었지. 넌 뭐 하고 있었는데?

배경 화면의 리카는 입을 움직이고 몸동작도 취하는 것이 마치 영상 통화를 하는 것 같았다. 준하는 신기하다고 생각하면서 다시 인공 지능 메시지를 보냈다.
- 준하 : 엄마가 방금 방에 들어왔다 나갔거든. 또, 공부하라고 잔소리야. 그래서 지금은 책상 앞에 앉아서 조금 전에 시간 여행했던 일을 생각하고 있었어.
- 리카 : 이번에 신라에 가서 선덕여왕을 비롯하여 김유신과 김춘추 등 유명한 분들을 다 만나 봤네?
- 준하 : 응. 그렇긴 한데, 김유신 장군은 다시 만나 보고 싶어.

- 리카 : 그렇지? 잠깐 만나 봤을 뿐이니까.

- 준하 : 그럼, 선덕여왕은 비담과 염종의 난이 일어났을 때 세상을 떠난 거야?

- 리카 : 몇 가지 주장이 있는데, 이미 병들어 있던 중에 비담과 염종의 난이 일어났는데, 선덕여왕의 군대가 비담군과 싸우던 중에 병이 깊어져서 세상을 떠났다는 주장과 비담과 염종의 난 때문에 충격을 받아서 갑작스럽게 쇼크사했다는 주장, 그리고 비담과 염종의 난이 일어나기 전에 이미 세상을 떠났을 거라는 주장도 있어.

- 준하 : 잉? 마지막 것은 왠지 아닐 것 같은데?

- 리카 : 그렇게 주장하는 사람들은 김춘추와 김유신 등이 진덕여왕을 다음 왕으로 추대하자 비담과 염종 세력이 선덕여왕이 아닌 진덕여왕에게 반대해서 군사를 일으켰다고 보기도 해.

- 준하 : 선덕여왕 다음 왕이 진덕여왕이란 말이지?

- 리카 : 응. 선덕여왕의 사촌 여동생 승만 공주가 왕위를 물려받았는데, 신라 제28대 진덕여왕이야.

- 준하 : 누나. 궁금한 것이 있는데 말이야.

- 리카 : 뭔데?

- 준하 : 왜 한국의 역사 속에서 신라에만 여왕이 있었을까? 같은 시대에 존재했던 고구려, 백제나 그 밖에 발해, 고려, 조선 등 다른 나라에는 여왕이 한 명도 없었잖아?

- 리카 : 그렇지. 한국사에서 여왕은 신라에만 있었지.

- 준하 : 그러면 신라가 유독 여성의 지위가 높은 나라여서 그런 걸까?

- 리카 : 그건 아니야. 시간 여행 중에 골품 제도에 대해 배웠지?

- 준하 : 응. 근데 돌발 퀴즈에서 틀렸어.

- 리카 : 신라에서 가장 높은 신분은 성골이었는데, 부모가 모두 왕족인 경우가 성골이고, 부모 중에서 한쪽만 왕족인 신분은 진골이었어. 그 후로는 6두품, 5두품 식으로 신분이 내려가. 그런데, 신라에서는 신분이 상승하기가 무척 힘들었대. 성골과 진골의 차이가 엄청났으니까.

- 준하 : 진골도 대단한 것 같은데, 성골과 차이가 났단 말이야?

- 리카 : 그렇지. 그런데, 진평왕에게 아들이 없었기 때문에 신라에서는 왕위를 이을 성골 남자가 끊어진 거야. 신라 조정에서는 진골 남자가 왕이 되든지 아니면 성골 여자가 왕이 되든지 둘 중의 한 가지를 선택해야 했는데, 성골 여자인 선덕여왕이 왕이 된 거지.

- 준하 : 결국 신라 최초의 여왕 선덕여왕은 골품제 때문에 탄생할 수 있었다는 거네?

- 리카 : 바로 그거야. 그렇지만 결국은 김유신과 함께 비담과 염종의 난을 진압한 김춘추가 신라 조정에서 가장 큰 힘을 가진 인물로 떠오르게 되고, 결국은 진골 남자인 김춘추가 신라 제29대 왕인 태종무열왕이 되는 거야. 진덕여왕은 김춘추가 왕이 되기 전의 마지막 성골 왕인 셈이지.

- 준하 : 그러면 리카 누나의 생각에 선덕여왕은 어떤 왕이었던 것 같아? 조금 전에 인터넷으로 찾아보니까 어떤 사람은 '삼국 통일의 기초를 다진 왕'으로 선덕여왕을 높이 평가했고, 어떤 사람은 무능했던 왕이었다고 평가했는데 말이야.

- 리카 : 솔직히 말하면 선덕여왕을 '삼국 통일의

기초를 다진 왕'이라고 평가하기는 어려울 것 같아. 왜냐하면 선덕여왕 시절에 신라는 내내 백제의 공격을 받아서 빼앗기거나 거의 당하기만 했거든. 나중에 또 자세히 얘기할 기회가 있겠지만 신라의 삼국 통일은 외부적인 이유도 있었지만, 김유신과 문무왕의 공이 절대적이었어.

 - 준하 : 김유신과 문무왕?

 - 리카 : 문무왕은 김춘추의 아들 김법민을 말하는데, 선덕여왕과 진덕여왕 시절에 김유신 장군이 아니었다면 신라는 나라를 지키지도 못했을 거야. 그렇지만 선덕여왕은 무능한 왕이었다기보다는 당시의 상황이 신라에게 좋지 못했어. 어떻게 보면 나라를 망친 왕으로 잘못 알려진 백제의 의자왕이 실제로는 엄청나게 똑똑한 왕이었기 때문에 신라로서는 너무 괴로웠을 거야. 의자왕 때 백제가 신라에게서 빼앗아 간 성만 해도 거의 백 개에 이르니까.

 - 준하 : 와, 정말 왕 노릇 하기도 힘들었겠다.

 - 리카 : 어쩌면 황룡사 구층탑을 짓는 것보다 국방을 강화하는데 더 힘쓰는 게 좋지 않았을까 싶

어. 왜냐하면 조선의 광해군이나 흥선대원군 때도 그랬지만, 무리한 공사는 항상 백성들을 괴롭게 하거든.

- 준하 : 그러면 황룡사 구층탑을 만든 것은 쓸데없는 일을 한 거야?

- 리카 : 그렇지만 선덕여왕의 뜻대로 그 거대한 황룡사 구층 목탑을 보면서 신라의 백성들이 역전의 희망을 품었을지도 모르는 일이지. 비록 몽골의 침략 때 불타없어졌지만 황룡사 구층탑에는 신라의 꿈이, 선덕여왕의 꿈이 담겨 있었어. 그리고, 시간여행 중에 말했던 지귀 설화에 담긴 내용을 보았을 때 선덕여왕은 백성들을 사랑하는 어진 왕이었다는 생각이 들어.

- 준하 : 그건 맞아. 내가 봤을 때도 인자한 분이라고 느껴졌어.

- 리카 : 선덕여왕은 나라의 사정이 안팎으로 어려울 때 왕이 되었기 때문에 어떻게 보면 어려운 역할을 떠안았다고 볼 수 있어. 선덕여왕이 아니라 남자가, 또는 다른 누군가가 당시 신라의 왕이었더라도 그 당시의 상황은 감당하기 쉽지 않았을 거야. 어쨌든 선덕여왕 시대에 첨성대와 황룡사 구층

목탑, 분황사 전탑(벽돌탑) 등이 만들어졌고, 지금도 첨성대와 분황사 전탑은 경주에 남아 있으니까 그런 문화 유산들을 보면 선덕여왕의 숨결을 조금이나마 느낄 수 있을 거야.

 - 준하 : 분황사 전탑은 못 봤는데, 나중에 보러 가야겠다.

 - 리카 : 어쨌든 선덕여왕은 우리나라 최초의 여왕이라는 사실만으로도 의미가 있는 분이 아닐까 생각해.

 - 준하 : 나도 그런 분을 만날 수 있어서 기뻤어. 리카 누나. 그럼, 다음에 또 다른 사건과 인물을 만나러 가 보자.

 - 좋아. 준하야, 언제든지 연락해!

배경 화면에서 리카의 모습이 사라졌다. 그리고 이번에는 안내 메시지가 도착했다.

'이게 뭐지?'

첫 번째 시간 여행을 무사히 마친 것을 축하합니다! 현재 이준하 님의 아이템 획득 상황과 매직 포인트는 다음과 같습니다.

잔여 워터 아이템: 20(-5)
잔여 푸드 아이템: 10
총 매직 포인트(Total MP): 172

'이게 바로 리카가 말한 매직 포인트구나?'
그런데, 다시 한번 메시지가 왔다.

두 번째 시간 여행에서는 주어진 퀘스트 수행을 통해 매직 포인트를 더 높여 보시기 바랍니다!
수고하셨습니다!

'퀘스트 수행이라고? 좋아! 다음번 시간 여행에서는 매직 포인트를 더 높일 거라고!'
 준하는 그렇게 혼잣말로 말하고는 태블릿을 내려놓고 기지개를 켰다.

<사진 3> 첨성대

선덕여왕 때 만들어진 천문 관측 시설로 알려져 있는 첨성대의 모습. 첨성대는 아마도 천문 현상의 관찰을 통한 점성술로써 나라의 길흉(좋은 일과 나쁜 일)을 짐작하는 일에 사용되었을 것으로 짐작한다.

두 번째 이야기
소서노를 만나다

4장
두 번째 결혼

　점심시간이었다. 급식실에서 아이들이 왁자지껄 떠들면서 점심을 먹고 있었다. 준하는 후다닥 밥을 먹고 나서 급식 판을 갖다 놓았다. 6학년이 되어서 며칠이 지나니까 벌써 친해졌는지, 몇 명의 같은 반 여자 아이들이 모여서 밥을 먹으면서 수다를 떨고 있었다. 지나가다가 들어보니까 게임에 대해 얘기를 하는 것 같았다. 준하는 귀가 솔깃해져서 여자 아이들에게 물었다.
　"너희들도 게임 좋아하냐?"
　"그래. 왜?"

한 여자아이가 시큰둥하게 대답하자, 그 옆에 앉은 여자애가 말했다.

"몰라서 묻냐? 이준하 쟤, 게임 엄청나게 좋아하잖아?"

"맞아. 그렇지? 우리가 게임 얘기하고 있으니까 기웃거리는 거구나?"

"쟤 좀 봐. 게임 얘기하니까 눈 반짝거리는 것 좀 봐라."

준하는 여자애들에게 물었다.

"나야 게임 마니아니까 그렇지. 그런데, 너희들은 주로 무슨 게임을 하냐?"

"우린 주로 어벤져스 걸크러시 게임을 많이 해."

"어벤져스 걸크러시? 그거 출시된 지 얼마 안 된 게임이잖아?"

"맞아. 너도 해 봤냐?"

"아니, 내가 주로 하는 게임은 따로 있어서 어벤져스 걸크러시는 얘기만 들었고, 아직 해 보진 못했어."

자리에 앉아 있던 여자애 중의 한 명이 말했다.

"야야, 요즘엔 〈소서노〉라는 게임도 나왔던데?"

그러자 그 앞에 앉아 있는 다른 여자애가 물었다.
"소서노? 그런 게임도 있냐? 무슨 게임인데?"
"뭐, 우리나라 역사를 배경으로 한 게임인데, 소서노가 악당들을 물리치고 고구려와 백제를 건국하는 이야기야."
준하는 옆에서 듣고 있다가 생각해 보았다.
'소서노라고? 소서노? 누구지...?'
그때, 준하가 서 있는 바로 앞에 앉아 있던 여자애가 퉁명스럽게 말했다.
"야, 우리 일어날 거니까 좀 비켜 줘."
"알았어. 나도 갈 거야."
준하는 식판을 들고 일어서는 그 여자애의 뒷모습을 보면서 생각했다.
'진짜 쌀쌀맞네? 좀 부드럽게 말하면 안 되냐?'
준하는 교실로 가서 핸드폰으로 '소서노'에 대해 검색해 보았다.

〈백제의 건국 설화에 나오는 인물로서, 비류 설화에는 졸본 사람 연타발의 딸이라고 소개하고 있으나, 온조 설화에는 이름이 나오지 않고, 졸본부여의 둘째 공주라고만 소개하고 있다. 한편으로는 고구려와 백제 두 나라의 건국에 있어서 큰 역할을 한 인물로 알려져 있기도 하다.〉

준하는 인터넷으로 검색해서 읽어보고는 생각했다.
'음. 생소한 인물이네?'
이전에는 그렇게 관심을 가졌던 인물이 아니지만 준하는 소서노에 대해 관심이 생겼다. 준하는 이어서 고구려 건국 신화와 백제 건국 신화에 대해서도 검색해서 읽어보았다.

준하는 그날 집에 가자마자 서랍 속에 넣어둔 리카 태블릿을 꺼냈다. 전원을 켜자, 화면에 다음과 같은 글자가 나타났다.

메타버스의 세계로 오신 것을 환영합니다. 지금부터 당신은 리카 앱 플레이어를 통해서 한국사 게임을 진행할 수 있습니다. 먼저 비밀번호를 설정해 주세요.

'그렇지. 엄마가 태블릿을 볼 수도 있으니까 비밀번호를 설정해 놓는 것이 좋겠다.'

리카 앱에서 비밀번호를 설정하자 다시 안내 메시지가 왔다.

게임 컨트롤을 통해서 당신에게 맞는 커스터마이징을 진행해 주세요.

준하는 커스터마이징을 통해서 설정을 하고, 자신의 아바타를 꾸미기도 했다.

현재 이준하 님의 아이템 획득 상황과 매직 포인트는 다음과 같습니다.
 잔여 워터 아이템 : 15(20-5)
 잔여 푸드 아이템 : 20
 잔여 무기 아이템 : 0
 잔여 지혜 아이템 : 0
 총 매직 포인트(Total MP) : 172

전에 첫 번째 시간 여행을 마칠 때 안내 메시지로

왔던 아이템 획득 상황과 매직 포인트를 아무 때나 확인할 수 있었다. 다만, 잔여 무기 아이템과 잔여 지혜 아이템이 새롭게 표시되면서 0이라고 수치가 나타났다.

'이번에 시간 여행을 가면 무기 아이템과 지혜 아이템을 꼭 얻어야지.'

리카 님과 지속적인 소통을 위해 다음에는 채팅창을 설정해 주세요.

준하는 자신의 아바타와 잔여 아이템 등이 표시된 화면 옆에다 채팅창 설정을 했다. 채팅창 크기는 최대한 크게 해 놓았다.

모든 설정이 완료되었습니다. 리카님과 소통을 원하시면 메시지를 보내세요.

준하는 설정을 통해 새롭게 생긴 채팅창을 통해 메시지를 보냈다.

- 준하: 리카! 안녕!

잠시 후에 리카의 답장이 왔다.

- 리카: 준하야, 안녕? 오늘은 뭐 했니?

- 준하: 리카 앱에서 안내하는 대로 커스터마이징을 하고 설정을 했어.

- 리카: 업데이트가 되었구나.

- 준하: 아바타도 있고, 내 능력치도 아무 때나 확인할 수 있어서 좋아.

- 리카: 학교는 잘 다녀왔어?

- 준하: 응. 근데, 여자애들이 게임 얘기하더라?

- 리카: 무슨 게임?

- 준하: 어벤져스 걸크러시하고 소서노 게임도 얘기하던데?

- 리카: 소서노?

- 준하: 그래서 아까 검색해 보았는데, 소서노를 만나러 시간 여행을 가 보면 어떨까 해서 챗 보냈어.

- 리카: 그러면 2천 년 이상의 시간을 거슬러 올라가서 고구려를 건국한 주몽과 그의 아들 온조, 그리고 소서노를 함께 만나봐야겠네?

- 준하: 그때가 2천 년 전이야?

준하는 핸드폰을 통해 인터넷으로 검색해 보았다.

- 리카: 흔히 고구려 건국이 기원전 37년이라고 알려져 있지만, 그것은 정확하지 않아.

- 준하: 그래? 난 어차피 정확한 것은 모르고 있었거든. 아까 검색해서 잠깐 자료를 읽어보기는 했는데, 그것까지는 몰랐어.

- 리카: 고구려라는 이름은 이미 그 전부터 중국의 역사책에 등장하거든. 삼국 시대의 초기 기록은 정확하지 않은 것도 많이 있어.

- 준하: 너무 오래되어서?

- 리카: 그렇기도 하고, 역사 기록도 많지 않으니까. 현재로서는 고구려, 백제, 신라의 건국 연도는 정확하게 알 수 없다고 보는 것이 맞을 것 같아.

- 준하: 그렇구나. 어쨌든 그 시대로 시간 여행을 가고 싶어.

- 리카: 지금 갈래?

- 준하: 응, 지금 괜찮아.

어차피 시간 여행 중에는 현재의 시간은 흘러가지 않기 때문에 준하로서는 상관없었다.

- 리카: 그러면, VR 안경을 일단 써 봐.

- 준하: 알았어.

준하는 두 번째 시간 여행을 기대하면서 즉시 VR 안경을 꺼내서 썼다. 그리고, 안경테의 가운데 버튼을 눌렀다.

갈색 머리에 푸른 눈의 리카가 준하의 눈앞에 나타나더니, 말했다.

"6학년이 되어서 바쁠 거로 생각했는데, 일찍 연락했네!"

"6학년 1년 동안에 최대한 많은 시간 여행을 가는 것이 목표야."

"아주 좋은 생각이야."

"그런데, 아까 검색했던 소서노 관련 내용 중에서 졸본부여가 나오던데, 졸본부여라는 나라가 있었어?"

"졸본부여? 그걸 설명하려면 조금 얘기가 길어지는데, 준하 너, 고구려 건국 신화 잘 알아?"

"아까 잠깐 읽어보기는 했는데, 조금 밖에 몰라."

"고구려 건국 신화의 내용을 먼저 알아야 할 텐데. 기다려 봐."

리카의 모습 옆에 큰 화면과 함께 선명한 자막이

나타났다.

〈고구려 건국 신화〉

물의 신 하백의 딸 유화는 해모수라는 사내를 만나서 부모 몰래 사귀었다. 그 사실을 알게 된 하백은 유화를 쫓아냈다. 동부여의 금와왕이 궁궐 밖으로 나왔다가 쫓겨난 유화를 발견하고 동부여의 궁궐로 데려갔는데, 유화는 얼마 후에 커다란 알을 낳았다.

알에서 사내아이가 태어났는데, 활쏘기를 잘해서 '주몽'이라고 불렀다. 대소를 비롯한 금와왕의 아들들이 주몽을 시기하여 죽이려고 하자, 이를 알아차린 유화는 주몽에게 도망치라고 했고, 막 결혼한 주몽은 어머니 유화와 아내인 예씨 부인을 동부여에 남겨 둔 채로 동부여를 탈출했다.

대소의 군사들이 주몽 일행을 추격했고, 강가에 이르러서 대소의 군사들에게 쫓기게 된 주몽이 하늘을 향해 탄식하자, 물고기와 자라 떼들이 다리를 놓아주어서 주몽과 부하들은 무사히 강을 건너서 탈출할 수 있었다. 그리고, 주몽은 졸본 땅에 이르러서 고구려를 건국했다.

"다 읽었어."

준하의 말에 리카가 대답했다.

"지금 화면으로 보여 준 내용이 이번 시간 여행을 위해 기본적으로 알아야 할 것들이니까 일단 이렇게 짤막하게라도 고구려 건국 신화에 대해 알고 떠나면 좋을 거야. 그리고, 이번에는 지난번보다 많은 아이템을 얻을 수 있도록 돌발 퀴즈도 잘 풀어 봐."

"알았어. 그럼, 출발하자."

"그럼, 마음속으로 셋까지 세고 있어!"

준하는 눈을 감은 채 마음 속으로 하나, 둘, 셋을 세었다. 귀에서 천둥소리가 들리더니, 눈앞에 번개가 번쩍거렸다.

천둥소리가 그치자 준하는 눈을 떴고, 자신이 다른 세상으로 와 있다는 사실을 발견했다.

"리카! 여기는 어디야?"

"고구려의 첫 번째 수도 졸본이야."

"졸본? 그럼, 여기도 우리나라야?"

"아니, 지금은 중국 땅이 되었지. 고구려의 첫 번째 수도와 두 번째 수도는 지금의 중국 땅에 있었거든."

"그럼, 세 번째 수도는?"

"세 번째 수도는 평양이지."

"그럼, 지금의 북한 땅에 있구나."

"맞아. 어쨌든 고구려의 두 번째 수도 국내성도 여기서 그렇게 멀지는 않아. 자동차로는 두 시간이면 갈 수 있을걸?"

"가깝구나."

"주몽이 동부여의 왕자 대소의 추격을 받고 부하들과 함께 이곳으로 도망쳐 왔어. 그때, 졸본 사람 연타발의 딸 소서노라는 과부를 만나게 되어서 결혼했대."

"과부? 그럼, 소서노는 재혼한 거야?"

"주몽도 재혼이었어."

"맞아. 시간 여행을 오기 직전에 고구려 건국 신화에 대해 알려줬지."

준하가 리카에게 무엇인가를 물어보려고 할 때 준하의 눈앞에 불꽃놀이 할 때처럼 불꽃이 번쩍였다. 그리고는 준하의 눈앞에 갑자기 오렌지색 화면과 함께 빨간색 자막이 나타났다.

《돌발 퀴즈》
고구려 건국 신화에서 알을 통해서 주몽을 낳았다고 전하는 주몽의 어머니는 누구입니까?

'주몽의 어머니? 누구였더라?'
준하는 문제를 보고 생각했다. 갑자기 생각이 스치고 지나갔다.
"유화부인!"

정답입니다! 주몽의 어머니는 유화부인입니다.
퀴즈를 맞힌 데 대한 보상으로 푸드 아이템 10포인트와 워터 아이템 20포인트를 획득했습니다. 해당 아이템은 AI 저장소에 저장되며, 원할 때 음성 인식 기능을 통해서 사용할 수 있습니다.

준하는 화면에 나타난 자막을 보고는 큰 소리로 말했다.
"야호! 이번에도 푸드 아이템 10포인트와 워터 아이템 20포인트 얻었네?"
그런데, 연속해서 화면에 퀴즈 문제가 또 나타났다.

《연속 돌발 퀴즈》
북부여의 왕이며, 하백의 딸 유화부인을 꾀어냈다고 전하는 주몽의 아버지는 누구입니까?

"누구였더라?"

그러나, 준하는 생각이 나지 않았다. 화면에 남아 있는 시간이 표시되었다. 5, 4, 3, 2, 1, 0. 시간이 다 되자 화면에 자막이 나타났다.

정답을 맞히지 못해서 아이템 획득에 실패했습니다. 정답은 해모수입니다. 더 분발해서 많은 아이템 획득에 도전해 보세요.

"아깝다."

준하가 아쉬움을 나타내자 리카가 말했다.

"고구려 건국 신화의 내용에 따르면 주몽은 동부여에 어머니 유화 부인과 아내 예씨 부인을 두고 왔는데, 두 번째 아내로 소서노를 맞이한 거야. 그런데, 소서노가 주몽보다 훨씬 나이가 많았다고 해."

"힉! 그런데, 결혼을 했단 말이야?"

"졸본 지역에서 꽤 힘 있는 세력이었던 연타발의 입장에서는 남편을 잃은 소서노가 안타까우니까 믿음직스러운 주몽과 자기 딸을 결혼시키려고 했을 거야. 그리고, 주몽도 자신이 데리고 온 부하들만으로는 나라를 세울 수 없기 때문에 연타발과 소서노의 힘이 필요했겠지."

"서로의 필요에 의해서 결혼을? 그러면 주몽과 소서노는 서로 사랑하지 않고 결혼했을지도 모른다는 얘기잖아?"

"서로 사랑했는지는 나도 잘 모르지만, 우리가 가서 만나 보면 분위기를 더 잘 알 수 있지 않을까? 일단 고구려의 궁궐로 가 보자."

"그럼, 지금 주몽이 나라를 다스리고 있는 고구려의 궁궐로 간다는 말이지?"

"그래. 그렇지만 궁궐이라고 해서 너무 기대하지는 마. 나중에 고구려의 국력이 강해지면 궁궐도 더 크고 웅장하게 짓겠지만 이때는 궁궐이 그다지 크지 않았을 거야."

잠시 후, 준하와 리카는 고구려의 궁궐 앞에 도착했다. 궁궐 입구에서 바라보니까 아주 높은 산이 보였는데, 산꼭대기 부분에는 몇 개의 봉우리처럼 보이는 바위가 있어서 마치 성처럼 보였다. 멀리서 보고 있으니, 무척 신비로운 느낌이 들었다. 리카가 준하를 보더니 말했다.

"저곳은 지금의 오녀산성이야."

"오녀산성?"

"지금 우리 바로 앞에 있는 궁궐이 있는 곳은 평지성인데, 아마 평상시에는 이곳에서 생활하다가 전쟁이 일어나면 오녀산성으로 백성들을 데리고 피해서 적군과 싸웠을 거야. 고구려의 수도는 세 곳 모두 평지성과 산성이 세트를 이루고 있거든."

"세트라고 하니까 갑자기 햄버거 세트가 생각난다."

"넌 여기 와서도 먹는 것 타령이야?"

"그런데, 군사들이 지키고 있는데, 궁궐에 들어가려면 어떻게 해야 하지? 전에 선덕여왕을 만나러 갔을 때는 바로 궁궐에 도착했었는데 말이야."

"걱정하지 마. 이럴 때 VR 안경을 활용하면 돼."

"어떻게 말이야?"

"VR 안경테의 왼쪽 버튼을 한 번 누르면 넌 투명인간으로 변할 수 있어. 그리고, 두 번 누르면 옛날 사람들에게 네 모습을 보이게 할 수 있고."

"그럼, 리카는?"

"난 어차피 가상 인간이기 때문에 내 마음대로 사람들에게 내 모습을 감출 수도 있고, 보이게 할 수도 있어."

준하는 VR 안경의 왼쪽 버튼을 한번 눌렀다. 그리고, 리카에게 물었다.

"지금 내 모습이 안 보여?"

"내 눈에는 보이지. 그러나, 옛날 사람들 눈에는 보이지 않게 되었어. 나도 마찬가지로 지금 네 눈에는 보이지만, 옛날 사람들 눈에는 안 보여. 그럼, 궁궐 안으로 들어가 볼까?"

리카와 준하가 궁궐 입구로 가까이 다가가니까 그때, 궁궐로 들어가는 입구에서 한 사내가 궁궐을 지키는 군사들과 옥신각신하며 말을 주고받고 있었다.

"저는 대왕 폐하를 꼭 만나야 합니다!"

"네 놈이 누군데 대왕 폐하를 만나겠다는 거야?"

"동부여에서 온 유리입니다. 폐하께 전해 주십시오."

"도대체 유리가 누구냔 말이야? 아무나 궁궐에 들어갈 수 있는 줄 알아? 두들겨 맞기 전에 썩 꺼져!"

그때, 리카가 준하의 옆구리를 툭 치면서 말했다.
"자, 궁궐로 들어가 보자."
"저 사람은 누구지?"
"곧 있으면 알게 될 거야."
준하와 리카는 군사들과 사내가 옥신각신하고 있는 사이에 천천히 궁궐 안으로 들어갔다.
"이쪽으로 와 봐. 이제 곧 주몽 임금과 소서노 왕비를 볼 수 있을 거야. 그런데, 소리 내지 않도록 조심해야 해."
준하는 리카를 따라서 궁궐 안의 가장 큰 건물로 들어갔다. 그곳에는 왕과 왕비가 나란히 앉아 있었다. 바로 주몽과 소서노였다.
잠시 후에 군사 한 명이 빠른 걸음으로 들어오더니 말했다.
"대왕 폐하! 어떤 사내가 폐하를 꼭 뵈어야 한다고 궁궐 앞에서 고집을 부리고 있길래 수상한 놈 같아서 일단 잡아 왔는데 어떻게 할까요?"
"어떤 사내가?"
"네. 이름이 유리라고 하던데요?"
주몽은 군사의 말에 놀라면서 말했다.

"유리라고 했다고? 당장 데리고 오너라!"

잠시 후에 들어온 사내는 바로 궁궐 앞에서 문지기 군사들과 옥신각신하고 있던 그 소년이었다. 주몽은 무릎을 꿇고 있는 사내를 보고 물었다.

"넌 누구인데, 나를 만나겠다고 떼를 쓴 것이냐? 네 이름을 말해 보아라."

"저는 동부여에서 온 유리입니다."

"뭐라고? 네가 유리라고? 네가 정녕 내 아들 유리란 말이냐?"

"그렇습니다. 아버지를 뵙기 위해 동부여에서 왔습니다!"

"그렇다면 넌 네 어머니가 일러준 징표를 가지고 왔을 것이다. 무엇을 가지고 왔느냐?"

"이것입니다."

나이 어린 사내가 품속에서 꺼낸 것은 단검 반 토막이었다. 주몽은 놀라는 표정을 짓더니, 신하 한 명을 불러서 무엇인가를 말했다. 잠시 후, 신하가 달려가서 가지고 온 것은 역시 단검 반 토막이었다.

주몽은 자신의 것과 소년이 가지고 온 것을 맞추어 보더니 말했다.

"딱 맞는구나! 이것은 내가 동부여에 두고 온 단검 반 토막이 분명하다! 너는 내 아들 유리가 틀림없구나! 어서 일어나거라!"

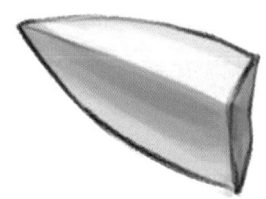

 주몽은 기쁜 표정을 감추지 못하며 용상(임금이 앉는 의자)에서 일어나서 유리의 손을 꼭 붙잡았다. 준하는 구석에서 소리를 내지 않게 조심하면서 소서노를 쳐다보았다. 소서노는 굳어진 표정으로 입을 꾹 다물고 있었다.
 그러자, 주몽이 그곳에 있는 신하들에게 말했다.
 "어전회의를 할 테니, 왕자들과 중신들을 모두 모이게 하라!"
 신하들이 바쁘게 움직이더니, 잠시 후에 고구려의 중요한 관직에 있는 중신들과 두 명의 청년이 들어왔다.

"저 두 사람은 누구지?"

준하가 묻자, 리카가 대답했다.

"준하야. 화면 볼래?"

그때, 준하의 눈앞에 화면이 나타났다. 그리고, 퀴즈 문제가 보였다. 물론, 준하와 리카에게만 보이는 화면과 자막이었다.

〈돌발 퀴즈〉

백제를 건국한 사람은 ○○과 그의 형으로 알려진 비류입니다. ○○은 누구입니까?

'백제를 건국한 사람?'

이번에는 바로 답이 떠올랐다.

"온조!"

정답입니다! 백제의 건국 시조는 온조입니다. 퀴즈를 맞힌 데 대한 보상으로 푸드 아이템 10포인트와 워터 아이템 20포인트, 지혜 아이템 10포인트를 획득했습니다. 해당 아이템은 AI 저장소에 저장되며, 원할 때 음성 인식 기능을 통해서 사용할 수 있습니다.

준하는 자막을 보고는 신이 나서 말했다.
"와!"
이번에는 준하의 목소리가 컸는지, 용상에 앉은 주몽이 말했다.
"이게 무슨 소리인가?"
그러나, 준하는 투명 인간 상태였기 때문에 아무에게도 보이지 않았다. 신하들은 주위를 둘러보고는 아무도 보이지 않자, 고개를 갸웃했다. 준하는 자신이 풀었던 퀴즈 문제를 통해서 나란히 들어왔던 두 명의 청년이 비류와 온조라는 사실을 알 수 있었다.
주몽은 유리를 자신의 옆에 세워 놓은 채 말했다.
"경들은 들으시오! 내가 기다리고 기다리던 나의 아들 유리가 동부여에서 돌아왔소. 이 단검 반 토막은 유리가 나의 친아들이라는 확실한 징표이니, 경들에게 중대한 발표를 하겠소!"
모두 주몽의 입에 시선이 모였다. 짧지만 아주 긴 것 같이 느껴지는 침묵이 흘렀다.

<사진 4> 오녀산성 건물터

주몽이 고구려를 건국한 졸본에 있는 오녀산성 위에 올라가면 잠실 야구장 만큼 넓은 평지가 있으며, 이처럼 건물터가 지금도 남아 있다.

5장
선택의 갈림길

 주몽은 주위에 있는 신하들과 비류, 온조의 얼굴을 한 번씩 바라보고는 말했다.
 "이 나라 고구려를 세우는 데 있어서 왕후의 공이 매우 컸으며, 비류와 온조 역시 중요한 역할을 했다는 사실을 나는 기억하고 있소. 그러나, 동부여에 두고 온 나의 첫 번째 부인과의 약속을 어길 수는 없기 때문에 나는 이 시간, 첫 번째 부인의 아들 유리를 태자로 삼고 고구려의 다음 왕으로 세우기로 결심했소."
 그 말에 모두 놀란 표정을 지었다. 비류와 온조는

물론이고, 유리조차도 놀란 표정을 지었다.

몇몇 신하들이 주몽에게 말했다.

"폐하! 어찌 이러실 수가 있습니까? 왕후께서는 이 나라 고구려를 건국하는 데 있어서 지대한 공을 세우셨습니다."

"그렇습니다. 왕후께서 세우신 공을 잊으셔서는 안 됩니다."

"부디 결정을 거두어 주십시오."

그러나, 주몽은 단호한 표정으로 말했다.

"경들의 마음도 충분히 이해는 하지만 나는 오래 전부터 유리가 나를 찾아오면 왕위를 물려주려고 마음먹고 있었소. 그리들 알고 물러가시오!"

신하들은 더 이상 아무 말도 하지 못하고 한 명 두 명씩 어전을 빠져나가기 시작했다. 소서노는 입술을 굳게 다문 채 아무 말도 하지 않고 있었다.

잠시 후, 소서노는 주몽에게 짧게 말했다.

"그만 들어가 보겠습니다."

"그리하시오."

소서노가 일어나서 밖으로 나가자 비류와 온조도 그 뒤를 따라갔다. 그때, 리카가 준하의 귀에 대고

속삭였다.

"우리도 따라가 보자."

준하는 리카와 함께 발소리를 내지 않도록 조심하면서 소서노와 비류, 온조의 뒤를 따라갔다. 밖으로 나가자 비류가 소서노에게 말했다.

"어머니. 잠시 온조와 함께 후원으로 가시지요."

"그렇게 하자."

세 사람은 궁궐의 뒤뜰로 걸어갔다. 그곳에는 정자가 있었는데, 정자에는 아무도 없었다. 소서노와 비류, 온조는 정자 위로 올라가서 앉았다. 세 사람은 모두 심각한 표정을 짓고 있었다.

"어머니. 어떻게 이럴 수가 있습니까?"

비류가 목소리를 높이면서 말하자 온조도 함께 말했습니다.

"그렇습니다. 그동안 본 적도 없고, 아무것도 한 일이 없는 유리한테 왕위를 물려준다니요?"

다시 비류가 말했다.

"어머니. 이것은 있을 수가 없는 일입니다! 이 나라 고구려를 건국하는 데 있어서 어머니께서 얼마나 큰 역할을 하셨는지는 모두가 다 알고 있습니다. 그런데, 친아들이라는 이유로 유리에게 왕위를 물려주는 것은 있을 수 없는 일입니다."

"그렇습니다. 어머니와 외할아버지가 바친 재산이 있었기에 고구려를 세울 수 있었습니다. 저희는 단지 양아들이라는 이유로 차별을 당하는 것으로 생각할 수밖에 없습니다."

온조가 볼멘소리를 내자 비류가 다시 말했다.

"어머니. 군사를 일으키는 것은 어떻겠습니까? 우리에겐 충분한 군사들이 있습니다."

"쉿. 목소리를 낮추거라. 네 아버지께 반역하자는 말이냐? 너의 친아버지가 아니지만, 엄연히 너의 아버지이고, 이 나라의 대왕이시다."

"군사를 보내면 유리 정도는 없애버릴 수 있을 것입니다."

"그렇습니다. 어머니, 유리만 없어지면 아버지께서도 저희를 인정하시지 않을 수 없을 것입니다."

소서노는 비류와 온조의 말을 듣고는 아무 말도 하지 않고 굳은 표정을 지었다. 그리고는 다시 입을 열었다.

"너무 억울해하지 말아라."

"억울해하지 말라니요? 어머니와 저희는 지금 도둑질을 당한 것이나 다름없습니다."

"그렇습니다. 유리가 왕이 되다니요? 이것은 굴러온 돌이 박힌 돌을 빼내는 것과 다름없습니다."

"그렇다면 고구려보다 더 위대한 나라를 세우면 되지 않겠느냐?"

"네? 지금 뭐라고 하셨습니까? 고구려보다 위대한 나라를요?"

"그러면 이곳을 떠나자는 말씀입니까?"

"그래. 이곳을 떠나서 새로운 나라를 세우거라."

비류와 온조는 어머니 소서노의 말에 입을 다물지 못하고 있었다. 소서노가 다시 말했다.

"아버지가 왕으로 있는 동안에는 모르지만, 유리가 왕이 되면 너희들의 목숨이 위험해질 것이다. 그뿐만 아니라 이곳에 남아서 눈치를 볼 이유가 없지 않느냐? 너희들을 따르는 신하들과 백성들을 함께 데리고 가면 된다."

"대왕께서, 아버지께서 그것을 허락하실까요?"

"그건 염려하지 말아라."

"그럼, 어머니께서도 함께 가 주십시오."

"그렇습니다. 어머니께서 함께 가 주시면 큰 힘이 될 것입니다."

소서노는 잠시 생각하더니, 대답했다.

"알겠다. 그리고……"

소서노가 다시 무엇인가를 말하려고 할 때 숨어서 정자의 계단을 밟은 채 그들의 말을 듣고 있던 준하가 갑자기 미끄러지면서 소리를 내었다.

"누구냐?"

그때, 비류와 온조가 일어나더니 칼을 뽑았다. 준하는 부들부들 떨면서 리카에게 조그맣게 말했다.

"리카, 어떡하지? 도망칠까?"

"도망쳐도 상관없지만 너의 능력치를 올리고 싶으면 도망치면 안 돼. 차라리 네 모습을 드러내."

"내 모습을?"

"옛날 사람들과 직접 얘기해 보는 것이 훨씬 큰 공부가 될 테니까."

"알았어."

준하는 능력치를 올리고 싶은 욕심에 두려운 마음을 잊고, VR 안경의 왼쪽 단추를 두 번 눌렀다. 그 순간, 소서노와 비류와 온조에게 준하의 모습이 보이게 되었다.

"앗, 여기 어떤 소년이 있습니다!"

온조의 말에 비류는 준하를 보더니 다가와서 목에다 칼을 갖다 댔다.

"네 놈은 누구냐?"

준하는 자기 복 앞에 있는 칼닐을 보고는 부르르 떨면서 대답했다.

"저는 주, 준하라고 합니다."

"네 놈은 유리의 부하가 틀림없다! 우리들이 하는 말을 엿들으러 온 것이지?"

"아니에요. 저는 유리 왕자를 알지도 못합니다."

"그럼, 너는 어디 사느냐?"

"네?"

"집이 어디냔 말이다. 어서 말하지 못해?"

"저의 집은……"

"어서 말하지 못해?"

그때, 리카가 모습을 드러내면서 말했다.

"안녕하세요?"

비류와 온조는 리카를 보고는 깜짝 놀라서 말했다. 리카는 갈색 머리에 파란 머리가 아니라 검은색 머리에 갈색 눈의 모습이었다.

"너는 또 누구냐?"

"갑자기 어디서 나타난 거야?"

리카는 준하를 가리키면서 말했다.

"저는 이 아이의 누나입니다. 궁궐에 왔다가 우연히 말씀하시는 것을 듣게 되었어요."

그 모습을 지켜보고 있던 소서노가 비류와 온조에게 말했다.

"그 아이들을 데리고 오너라."

준하와 리카는 소서노 앞으로 가서 인사를 했다.

"안녕하세요?"

"너희들은 어찌하여 이곳에 있는 것이냐? 우리가 말하는 것을 다 들었다고?"

소서노의 질문에 리카가 대답했다.

"네. 저희도 새로운 나라를 세우시는데 함께 따라가고 싶습니다."

"뭐라고?"

준하도 소서노를 보면서 말했다.

"저희도 데려가 주세요."

그때, 뒤에서 비류가 말했다.

"어머니. 수상한 녀석들 같으니 일단 가두어 놓고 지켜보는 것이 어떻겠습니까? 유리가 보낸 부하들이 틀림없습니다."

"아니다. 수상한 자들 같지는 않다. 그것보다는 얘기를 좀 들어보자. 어째서 우리를 따라가고 싶다는 것이냐?"

"새로운 나라를 세우는 모습을 보고 싶습니다."

"저도 꼭 보고 싶습니다."

리카와 준하의 말을 듣고 소서노가 물었다.

"그렇지만 우리가 새로운 나라를 세울 수 있을지, 실패할지 모르지 않느냐?"

"아닙니다. 꼭 새로운 나라를 세우실 수 있을 것입니다. 고구려 못지않은 나라를 세우실 거예요!"

준하의 말에 소서노는 다시 물었다.

"그렇게 말해 주어서 고맙기는 하지만 새로운 나라를 세우는 것은 쉬운 일이 아니다. 대왕께서도 가까운 곳에 적국이 생기는 것을 반가워하지 않을 테니 말이다."

소서노의 말에 리카가 대답했다.

"염려하지 마세요. 가까운 곳에 나라를 세울 것이

아니라 멀리 남쪽으로 가서 나라를 세우시면 됩니다. 이곳 졸본 땅보다 나라를 세우기에 훨씬 좋은 곳이 남쪽에 있습니다."

"남쪽에?"

준하도 다시 입을 열었다.

"그렇습니다. 이 졸본 땅에도 강이 흐르죠?"

"그래. 이곳에는 비류수가 있다. 동가강이라고도 부르지."

"남쪽으로 가면 그보다 훨씬 크고 물이 풍부한 강이 있습니다. 기름진 평야도 있고, 바다와도 가까워서 좋습니다."

소서노는 리카와 준하의 말을 듣고는 비류와 온조에게 물었다.

"너희들은 이 아이들의 말에 대해 어떻게 생각하니?"

"제 생각에도 새로운 나라를 세우려면 멀리 가는 것이 좋을 것 같습니다. 온조야, 네 생각은 어떠냐?"

"제 생각도 같습니다. 고구려와 충돌할 일이 없도록 남쪽으로 멀리 가서 나라를 세우는 것이 좋을 듯합니다."

"그렇다면 내일 함께 대왕께 가서 졸본 땅을 떠나겠다는 말씀을 드릴 것이니 그렇게 알고 있어라."
"네, 어머니."
"이곳 졸본 땅은 내가 태어나서 자란 곳이고, 내 아버지가 개척한 땅이다. 이곳을 놓아두고 떠나는 것은 내겐 너무나도 마음 아픈 일이다. 그렇지만 어쩌면 우리들을 더 좋은 땅으로 안내하려는 하늘의 뜻이 있을지도 모른다. 그러니, 너무 실망하지 말아라."

소서노는 준하와 리카를 보고는 물었다.
"너희들도 우리를 따라가겠다는 말이지?"
"네."
"그렇다면 물러가 있다가 우리가 출발할 때 다시 찾아오너라."
"네. 그럼, 다시 뵙겠습니다."

준하와 리카는 소서노에게 인사를 했고, 비류와 온조에게도 인사를 했다.

준하는 소서노와 인사를 하고 궁궐 밖으로 나온 뒤, 목이 마르고 배가 고파지자 음성 인식 기능을 이용해서 물과 음식을 잔뜩 먹었다.

물과 음식을 다 먹자 VR 안경을 통해 소리가 들렸다.

"워터 아이템 10포인트와 푸드 아이템 10포인트를 사용했습니다."

다음 날, 소서노는 비류와 온조, 그리고 몇몇 신하들을 데리고 함께 주몽을 찾아갔다.
"폐하께 드릴 말씀이 있어서 왔습니다."
"왕후. 말씀해 보시오."
"비류와 온조는 먼 곳으로 떠나서 새로운 나라를 세우려고 합니다."
"먼 곳으로 떠난다고요?"
"네, 저도 함께 떠날 것입니다. 그러니, 따라가겠다고 하는 신하들과 백성들을 함께 데리고 가는 것만은 막지 말아 주십시오."

소서노의 말을 들은 주몽의 표정은 매우 착잡해 보였다. 비류와 온조도 고개를 숙이며 한목소리로 말했다.
"저희가 떠나는 것을 막지 말아 주십시오!"

<사진 5> 석촌동 백제 고분

 서울 송파구 석촌동에 남아 있는 백제 고분인 돌무지무덤은 한성 백제 시대의 왕릉으로 여겨진다. 지금은 대부분의 공사로 인해 사라졌으며, 남아 있는 고분도 아래 기단만 몇 개 남아 있다. 압록강 중류 고구려의 국내성 일대에서 흔히 볼 수 있는 돌무지무덤이지만 한반도에는 오직 서울 석촌동에만 돌무지무덤이 남아 있어서 백제의 지배층이 고구려에서 왔음을 짐작하게 해 준다.

6장
백제를 세우다

 주몽은 한참 동안을 생각하더니 대답했다.
 "왕후의 뜻대로 하시오. 왕후의 공로를 제대로 인정해 주지 못해 미안한 마음뿐인데, 내가 어떻게 막을 수 있겠소? 참으로 서운한 마음 그지없지만 내가 앞길을 막을 수는 없으니, 그렇게 하시오. 힘든 길이 되겠지만 부디 고구려에 못지않은 멋진 나라를 세우기를 바라오. 왕자들은 이리 와 보아라."
 비류와 온조가 주몽에게 가까이 다가가자 주몽은 일어나서 그들의 손을 꼭 붙잡으면서 대답했다.
 "너희들에게는 그저 미안한 마음뿐이다. 너희들

이 부디 왕후를 잘 모시기 바란다."

"네. 어머니는 저희가 잘 모시겠습니다."

"염려하지 마십시오."

"그리고, 부디 꼭 새로운 나라를 세우기를 바란다. 고구려와 함께 경쟁하면서 발전할 수 있는 나라말이다."

주몽은 그렇게 말하면서 비류와 온조의 어깨를 토닥토닥 두드려 주었다. 비류와 온조는 고개를 숙여서 주몽에게 인사를 했다.

"그러면 저희는 이만 가 보겠습니다."

그리고는 비류와 온조는 유리와 눈이 마주치자 아무 말도 하지 않고 뒤돌아서서 밖으로 나갔다. 소서노도 주몽에게 인사를 하고는 밖으로 나왔다.

투명 인간으로 변해서 리카와 함께 그 모습을 지켜보고 있던 준하도 리카에게 말했다.

"리카, 우리도 따라가자."

궁궐 입구에는 이미 소서노와 가까운 신하들을 통해서 소서노와 비류, 온조를 따라가기로 결심한 백성들이 짐을 잔뜩 가지고 나와서 모여 있었다. 궁궐 앞에는 떠나기로 결심한 신하들과 백성들이 가져온 소와 말 등 가축들과 수레, 그리고 수많은 짐들이 가득했다.

　소서노는 모여 있는 사람들을 향해 말했다.

　"이렇게 많은 백성들이 나를 따르시겠다니 참으로 고맙소."

　준하는 다시 VR 안경의 왼쪽 버튼을 두 번 눌렀다. 그리고는, 백성들 틈에 끼어서 리카와 함께 소서노의 말에 귀를 기울였다.

　소서노는 자기 백성들을 향해 큰 소리로 말했다.

　"나는 이제 여러분과 나의 두 아들 비류, 온조 왕자와 함께 먼 길을 떠나서 새로운 나라를 세우고자 합니다. 아주 힘들고 먼 길이 될 것이니, 지금이라도 남고 싶은 사람은 날 따르지 않아도 좋습니다. 그렇지만 우리가 여러분에게 약속할 수 있는 것은 반드시 고구려에 못지않은 나라를 세울 것입니다. 여러분, 새 나라를 세우는 일에 함께 하시겠습니까?"

　소서노의 말을 듣고 백성들이 큰 소리로 외쳤다.

　"네!"

　"저희는 끝까지 함께 하겠습니다!"

"그럼, 출발합시다!"

소서노는 말 위에 올라타고 맨 앞에 섰고, 비류와 온조도 말 위에 타고 바로 그 뒤를 따랐다. 그리고 수많은 무리가 그 뒤를 따라갔다. 귀족들은 말을 타고 갔지만 백성들은 수레를 끌고 가거나 짐을 들고 걸어갔기 때문에 오랜 시간이 걸렸다.

소서노와 백성들은 한참을 간 끝에 압록강을 넘어서 한반도 땅으로 접어들었다. 그리고, 청천강과 대동강을 지나서 평안남북도 지역에 이어서 황해도 지역에 접어들었다. 그리고, 예성강과 임진강을 건너자 높은 산이 보였다. 소서노는 신하들에게 그 산을 보고 물었다.

"저 산이 혹시 어떤 산인지 아느냐?"

신하 중의 한 명이 대답했다.

"네, 부아악이라고 합니다."

"그렇다면 부아악에 한번 올라가 보자."

신하들과 백성들은 소서노를 따라서 부아악을 올라갔다. 준하는 올라가는 길에 숨을 헐떡이면서 리카에게 물었다.

"여기가 도대체 어디쯤이야?"

"지금의 북한산이야."

"북한산? 그럼, 북한에 있는 산인가?"

리카는 갑자기 킥킥 웃으면서 말했다.

"북한산은 북한에 있는 산이 아니라 서울에 있는 산이야."

"서울에 있구나……"

준하는 멋쩍은 표정을 지었다.

"북한산은 북한에 있는 강이 아니라 한강의 북쪽에 있는 산이라고 해서 북한산이고, 북한강도 마찬가지로 북한에 있는 강이 아니라 두 갈래의 한강 중에서 강원도에서 시작하여 서해안으로 흘러가는 북쪽의 한강을 말하는 거야."

"그런데, 북한산에는 왜 올라가는 거야?"

"올라가 보면 알아."

마침내 소서노와 백성들은 부아악 정상에 이르렀다. 산 아래쪽을 보니, 사방이 확 트여 있는 기분이었다. 파란 강물이 유유히 흐르고 있었다. 준하가 리카에게 물었다.

"리카 누나, 그럼 저 강이 한강이야?"

"그래, 한강 맞아. 옛날에는 아리수, 또는 욱리하

라고 불렀어. 한수라고 부르기도 했고."

  소서노는 한강 건너편을 유심히 살펴보고 있었다. 그때, 열 명쯤 되는 신하들이 소서노에게 다가와서 말했다.

  "눈앞에 보이는 강의 남쪽 땅이 참 좋은 곳 같습니다."

  "맞습니다. 새로운 나라를 세우기에 적합한 곳입니다."

  "저 강을 사이로 두고 남쪽의 땅에서 보면 북쪽으로는 한수를 띠처럼 띠고 있고, 동쪽으로는 높은 산을 의지하고 있으며, 남쪽으로는 기름진 들판을 바라보고 있으며, 서쪽으로는 큰 바다가 있으니, 이는 하늘이 내려준 땅이라고 볼 수 있습니다. 그러니, 저곳에 도읍을 정하는 것이 좋지 않겠습니까?"

  "그렇습니다. 이는 새로운 나라를 세우기 위해 멀리에서 온 우리 백성들을 위해 예비된 땅이라는 생각이 듭니다."

  소서노는 강 건너편 쪽을 유심히 살펴보더니 대답했다.

 "내가 보기에도 나라를 세우기에 적합하며, 한 나라의 도읍지로서 더 이상 좋은 곳이 없다는 생각이 드는군. 너희들의 생각은 어떠냐?"

 소서노는 비류와 온조에게 물었다. 비류가 먼저 대답했다.

 "저는 생각이 다릅니다."

 "생각이 다르다고?"

 "그렇습니다. 졸본 땅은 주변에 산이 많고 바다와 멀기 때문에 답답하게 느껴졌습니다. 나라를 세우려면 바닷가에 세우는 것이 다른 나라와 교류하기에도 좋다고 합니다. 아까 어떤 신하에게 듣기로는 가까운 곳에 미추홀이라는 땅이 있다고 하는데, 저는 그곳에 나라를 세우는 것이 좋을 것 같습니다."

"온조야. 너의 생각은 어떠냐?"

소서노의 질문에 이번에는 온조가 대답했다.

"저는 여러 중신들의 말씀대로 강 건너편 땅이 나라를 세우기에 적합하다고 생각합니다. 어차피 바다하고도 멀지 않으면서 큰 강을 끼고 있고 기름진 평야도 있으니, 이보다 더 좋은 땅은 찾기 힘들 것입니다."

"너희 둘의 의견이 다르니 어쩌면 좋단 말이냐?"

그러자 비류가 다시 말했다.

"그러면 이렇게 하는 것이 어떻겠습니까? 어차피 저와 온조가 둘 다 왕이 될 수는 없으니, 백성들을 나누어 주시면 저는 미추홀에 가서 나라를 세우고, 온조는 한수 남쪽에 나라를 세워서 각각 다스리는 것이 좋겠습니다."

"할 수 없구나. 그러면 비류의 말대로 하자꾸나."

소서노는 백성들을 둘로 나누었다. 그래서 비류를 따라가기를 원하는 신하들과 백성들은 미추홀로 떠났다. 온조가 소서노에게 물었다.

"어머니께서는 어찌 하실 생각이십니까?"

"나는 일단 이곳에 있다가 또 비류에게 가서도 도움을 주려고 한다."

그때, 리카가 준하에게 말했다.

"이쯤 되면 우린 돌아가도 될 것 같아. 이번 시간 여행은 여기서 끝이야."

"그래? 그래도 소서노에게 인사는 하고 가야 하지 않을까?"

"얼른 인사하고 가자."

리카와 준하는 소서노에게 다가갔다.

"저희는 이만 작별 인사를 드리려고요."

"어딜 가려고 하는 거니? 혹시 비류를 따라서 미추홀로 갈 셈이냐?"

"생각 좀 해 보겠습니다."

"그래. 조심해서 가거라."

리카는 소서노에게 인사를 한 뒤, 준하에게 말했다.

"자, 그럼, 현실로 돌아가는 거다. 그리고, 나중에 태블릿으로 연락해!"

"알았어."

준하는 VR 안경의 오른쪽 버튼을 눌렀다. 비가 오는 소리가 들리더니, 어느새 준하는 자기 방 책상 앞에 앉아 있었다. 역시 시간은 정지된 채였다.

책상 앞에 놓여 있는 태블릿 화면의 리카 앱을 열어보니 파란색 화면과 함께 준하가 보상으로 획득한 아이템과 매직 포인트가 나타났다.

현재 이준하 님의 아이템 획득 상황과 매직 포인트는 다음과 같습니다.
 잔여 워터 아이템: 45(60-15)
 잔여 푸드 아이템: 20(30-10)
 잔여 무기 아이템: 0
 잔여 지혜 아이템: 10
 총 매직 포인트(Total MP): 396

'매직 포인트가 396으로 올랐네? 그래도 아직 멀었어. 아, 근데 거기 있을 때는 몰랐는데, 현실로 돌아오니까 금방 배가 고프다!'

준하는 태블릿을 책상 위에 놓아둔 채로 집을 나와서 가까이에 있는 편의점을 찾아갔다.

'오늘은 샌드위치가 당기네?'

준하는 딸기 맛 샌드위치와 초콜릿 음료를 사서 편의점 안에 있는 의자에 앉아서 천천히 먹었다.

'소서노와 비류, 온조는 그 후에 어떻게 되었을까?'

준하는 집에 와서는 태블릿에서 리카 앱을 통해 채팅창으로 리카에게 메시지를 보냈다.

- 준하: 리카 누나, 난 잠시 편의점에 다녀왔어.
- 리카: 후후. 배가 고팠구나.
- 준하: 응. 현실로 돌아오자마자 배가 고프지 뭐야?
- 리카: 이번 시간 여행도 재미있었니?
- 준하: 물론이야. 졸본이라는 처음 들어보는 땅에 다녀오다니, 신기했어.
- 리카: 참고로, 졸본의 이름은 홀본이라고 하는 것이 더 정확할 거야.
- 준하: 홀본?
- 리카: 광개토대왕릉비에는 홀본이라고 기록되어 있거든. 그리고, 주몽도 마찬가지야. 주몽의 본래 이름은 추모야. 고구려 사람들이 직접 기록한

비석에 적혀 있는 내용이니까 더 정확할 거야.

- 준하: 그 후에 소서노는 어떻게 되었을까? 그리고, 비류와 온조는 어떻게 된 거야?

- 리카: 비류는 지금의 인천으로 짐작되는 미추홀에 가서 나라를 세웠어. 그것이 비류 백제야. 그런데, 삼국사기의 기록에 보면 비류가 세운 나라는 잘 발전하지 못했나 봐. 땅이 습하고 바닷물이 짜서 편안하게 살 수 없어서 온조가 나라를 세운 위례에 가 보니까 백성들이 편안하게 잘살고 있는 모습을 보고 비류는 부끄러워서 죽었다고 해. 반면에 서울 풍납동으로 여겨지는 곳에 나라를 세운 온조는 열 명의 중요한 신하들과 함께 나라를 세우면서 처음에는 나라 이름을 '십제'라고 했으나, 나중에는 비류가 세운 백제와 나라를 합치면서 나중에 나라 이름을 '백제'라고 했대.

- 준하: 그러면 비류는 나라를 잘못 세워서 부끄러운 마음에 자살이라도 했단 말이야?

- 리카: 많은 학자들은 처음에는 인천의 비류 백제와 서울의 온조 백제가 함께 발전해 나갔는데, 나중에 시간이 지나면서 온조 백제가 더 강해져서

비류 백제가 온조 백제에 합쳐진 것을 삼국사기에 그렇게 기록한 거라고 말해.

- 준하: 처음에는 비류 백제와 온조 백제가 함께 있었다고?

- 리카: 그렇지.

- 준하: 그 후에 소서노는 어떻게 되었을까?

- 리카: 온조가 백제를 세운 지 13년째 되는 해에 61세의 나이로 세상을 떠났다고 해. 아마 고구려 사람들에게 주몽의 어머니 유화부인이 건국의 어머니로 여겨진 것처럼, 어쩌면 백제 사람들에게는 소서노가 건국의 어머니일 지도 몰라.

- 준하: 우리가 그런 분을 만나고 왔구나.

- 리카: 그렇지. 그리고, 유리에게 다음 왕의 자리를 빼앗긴 비류와 온조 두 아들을 데리고 남쪽으로 내려와서 한강 유역의 서울에 정착한 것은 그야말로 신의 한 수였던 것 같아.

- 준하: 오! 정말 생각해 보니까 그러네?

- 리카: 우리나라에서 지리적으로나 환경으로 봐서 서울처럼 사람이 살기 좋은 곳은 없거든. 백제의 한성, 즉 위례성으로 여겨지는 곳이 지금의 풍

납토성이니까.

　- 준하: 풍납토성?

　- 리카: 서울 송파구 풍납동에 있는 풍납토성 말이야. 아직 풍납토성에서 백제의 왕성이라는 어떤 기록이나 유물이 나오지는 않았지만, 관청의 흔적과 엄청난 유물들이 쏟아져 나왔고, 아주 가까운 곳에 있는 올림픽 공원에 풍납토성을 방어하는 몽촌토성이 있고, 또 가까운 석촌동에서 백제의 왕릉으로 여겨지는 돌무지무덤이 있는 걸로 봐서 풍납토성을 백제의 첫 번째 수도로 봐도 문제없을 거야.

　- 준하: 풍납토성이 지금도 남아 있어?

　- 리카: 원래는 길이가 3.5km 정도 되었다고 하는데 지금은 2km 조금 넘게 남아 있다고 하는 것 같아. 아마도 위례성이라고 부르던 풍납토성과 몽촌토성을 합쳐서 나중에는 '큰 성'이라는 뜻으로 한성이라고 부르지 않았나 싶기도 해. 어쨌든 소서노와 온조가 한강 남쪽 서울에 나라를 세우면서 5백 년간에 걸친 한성 백제 시대가 열리게 되는 거야.

　- 준하: 암튼 리카 누나 덕분에 또 즐거운 시간

여행을 한 것 같아. 투명 인간도 되어 보고 아주 즐거웠지만, 다음에는 아주 박진감 넘치는 시대로 시간 여행을 가 보고 싶어.

- 리카: 그럼, 시간 날 때 언제든지 또 연락해!
- 준하: 응, 또 만나!

메시지와 함께 보이던 리카의 모습이 배경 화면에서 사라졌다. 그리고 리카의 모습이 사라지자, 안내 메시지가 왔다.

두 번째 시간 여행을 무사히 마친 것을 축하합니다! 세 번째 시간 여행에서 당신의 능력치를 더욱 높여 보시기 바랍니다! 수고하셨습니다!

'좋아! 다음번 시간 여행에서는 매직 포인트를 팍팍 높일 거야! 그리고, 무기 아이템도 획득하고 싶어!'

준하는 그렇게 생각하고는 고구려 건국 신화 및 백제의 건국과 관련된 내용을 인터넷으로 검색해서 계속 읽어보면서 생각했다.

'한국사, 왠지 재미있을 것 같아!'

<사진 6> 풍납토성

온조는 한강 유역에 나라를 백제를 세우고 수도를 위례성이라고 했다. 지금의 서울 송파구 풍납동에 일부 남아 있는 풍납토성은 백제의 첫 번째 수도 위례성, 즉 한성으로 지목되는 곳이다.

세 번째 이야기
연개소문을 만나다

7장
고구려의 대막리지

 준하는 쉬는 시간에 화장실에 갔다가 교실로 돌아오는 길이었다. 남자아이들 몇 명이 모여서 떠들고 있었다.
 준하는 아이들에게 다가가 물었다.
 "야, 무슨 얘기 하고 있는 거야?"
 민호가 대답했다.
 "중국이 더 큰지 미국이 더 큰지 얘기하고 있는 거야."
 준하를 보더니 민우가 물었다.
 "야. 미국이 더 크지?"

이번에는 태형이가 물었다.

"야, 중국이 더 크지?"

그때 저만치에서 보고 있던 용준이와 승재가 다가왔다.

"인구는 중국이 훨씬 많고 영토는 비슷해."

용준이가 말한 데 이어서 이번에는 승재가 말했다.

"영토는 미국이 세계 3위이고, 중국이 세계 4위야. 물론, 알래스카를 빼면 중국이 더 커 보이지만 엄연히 알래스카도 미국 땅이니까."

가만히 듣고 있던 경훈이가 말했다.

"오, 조승재 똑똑한데?"

"그럼, 너희들 미국과 중국이 싸우면 누가 이길 것 같냐?"

이번에는 기훈이가 물었다. 기훈이의 말을 듣고 아이들의 대답은 두 가지로 갈라졌다.

"당근 미국이지. 미국은 세계 최강이야."

"웃기지 마. 중국은 인구가 많아서 유리해."

"그래도 미국이 세계에서 제일 세다니까."

"중국 무시하냐?"

"그래도 미국에는 비빌 수 없다니까. 진짜 뭘 모

르네? "

　준하는 최근에 한국사에 관심을 두게 되면서 인터넷에서 찾아본 자료들을 생각해 보았다. 물론, 지금 세계 최강대국은 미국이 틀림없었다. 중국은 아직 우리나라보다 못한 것 같지만 덩치가 워낙 큰 나라이기 때문에 함부로 생각할 수 없었다.

　오래전에도 세계는 중국의 한나라와 유럽의 로마제국이 동양과 서양을 양분하고 있었고, 서기 475년에 서로마 제국이 멸망한 뒤에는 중국의 수나라나 당나라보다 강한 나라는 세계 어디에도 없었다.

　그 후, 명나라와 청나라 때도 산업 혁명으로 서구 사회가 발전하기 전까지는 세계 최강이었고, 앞선 문물을 가진 선진국이었다.

　준하는 논쟁을 벌이고 있는 아이들에게 다가가서 말했다.

　"내 생각에도 미국이 세계 최강인 거 인정해야 해."
　"그래, 그렇지?"
　"그런데, 중국도 무시할 수는 없을 것 같아."
　"이준하 오늘 말을 절묘하게 하네?"
　성헌이가 맞장구를 치자 이번에는 수한이가 말했다.

"게임 얘기도 아닌데, 이준하가 웬일로 관심을 두지?"

준하는 그날, 집에 가서 OTT 서비스에서 영화를 찾아보았다. 검색하다 보니, 〈안시성〉이라는 영화가 눈에 띄었다. 몇 년 전에 큰 인기를 끌었던 영화였다.

준하는 〈안시성〉 영화를 처음부터 천천히 보았다. 영화는 고구려와 당나라의 1차 전쟁을 다루고 있었는데, 주필산 전투 장면부터 다루고 있었다. 준하는 영화를 보면서 생각했다.

'와, 정말 대단하다.'

영화 속에는 안시성을 지원하러 평양에서 달려온 연개소문이라는 인물이 등장하고 있었다.

'연개소문은 어떤 사람일까?'

준하는 인터넷으로 연개소문에 대해 검색해 보았다.

〈연개소문에 대한 역사적 평가는 극과 극을 달린다. 유교가 지배하던 조선 사회까지는, 임금을 죽인 역적이며 고구려의 멸망을 초래한 장본인으로 기록했으나, 독립운동가 신채호 선생과 박은식 선생은 위대한 혁명가이자 독립 자주정신을 가지고 나라를 지킨 위대한 인물로 평가하고 있다.〉

준하는 연개소문에 대한 또 다른 자료를 검색해 보았다.

〈고구려의 영류왕은 연개소문을 천리장성의 공사 감독으로 임명한 뒤, 죽이려고 했다. 그러나 이를 알아챈 연개소문은 자신을 죽이려고 했던 백 명이 넘는 신하들과 영류왕을 죽였다. 그러고는 영류왕의 조카 태양에게 고구려의 새로운 왕이 되어 줄 것을 청했으니, 그가 바로 보장왕이다. 연개소문이 당에 대해 적극적인 화친 정책을 펼쳐오던 영류왕을 죽이고, 고구려를 협박하기 위해 이세민이 보낸 당나라 사신을 감금하자, 당나라의 이세민은 크게 진노하였다. 그러고는 연개소문이 영류왕을 시해한 사건을 고구려 침공의 구실로 삼고 대대적인 고구려 공격에 나섰다. 연개소문은 고구려의 대막리지가 되어서 당나라와의 전쟁을 주도하여 승리로 이끌었다.〉

준하는 인터넷으로 고구려와 당나라의 전쟁에 대해 여러 가지 자료를 검색해서 읽어본 후에 생각했다.

'시간여행을 가서 고구려와 당나라의 전쟁을 직접 볼 수 있으면 좋겠다.'

준하는 태블릿을 꺼냈다. 그리고, 비밀번호를 입력하고 리카 앱으로 들어갔다. 로그인되자 메시지가 떴다.

이준하 님. 환영합니다. 세 번째 시간 여행을 떠날 차례입니다. 만나고 싶은 한국사 인물을 생각해 보셨다면 입력하세요.

'어? 이런 메뉴가 생겼네?'

준하는 마침 생각하고 있던 인물 <연개소문>을 입력했다. 다시 안내 메시지가 왔다.

만나고 싶은 인물로 '연개소문'을 입력하셨습니다. 시간 여행을 떠나고 싶은 공간과 연도를 입력해 주세요. 구체적인 날짜나 몇 월인지까지 입력하면 더 좋고, 연도만 입력하실 경우에는 리카 앱에서 적절

한 날짜로 시간 이동을 도와드립니다.

준하는 인터넷에서 확인했던 정보를 바탕으로 '서기 645년, 고구려 평양성'이라고 입력했다.

'가만있자. 안시성이라고 쓸 걸 그랬나? 아니야. 연개소문을 만나보려면 일단 평양성으로 가야 해. 그 후에 안시성으로 이동하면 될 거야. 그런데, 고구려는 세계 최강이던 당나라에 맞서서 어떻게 싸웠을까?'

다시 안내 메시지가 왔다.

리카 님과 채팅을 원하시면 채팅방으로 메시지를 보내세요. 만약 리카 님을 만나고 싶으시면 VR 안경을 사용하시기 바랍니다.

'일단 채팅을 먼저 해 보자.'
준하는 채팅창을 통해 리카에게 메시지를 보냈다.
- 준하 : 리카, 안녕!
리카에게서 바로 답장이 왔다.
- 리카 : 준하야, 안녕! 어떻게 지냈니?

- 준하 : 오늘은 학교에서 친구들과 세계 제일의 강대국이 어떤 나라인지 얘기했거든. 그래서 미국과 중국에 대한 얘기가 나왔어.

- 리카 : 그랬구나. 면적은 러시아와 캐나다가 더 넓지만, 미국과 중국은 사람이 살기에 기후 조건이 아주 좋은 나라야. 농사짓기도 좋고 말이야. 실제로 중국의 황허 유역은 씨를 뿌리기만 하면 농사가 아주 잘 되었대. 그래서 오래전부터 많은 사람이 모여 살았어.

- 준하 : 그래서 중국의 인구가 많은 거구나.

- 리카 : 흔히 중국을 한족의 나라라고 하지만 사실은 수십 개의 족속이 합쳐지고 섞여서 만들어진 나라야.

- 준하 : 내가 오늘 영화를 한 편 봤거든.

- 리카 : 무슨 영화인데?

- 준하 : <안시성>이라는 영화를 봤는데, 난 그렇게 막강한 중국에 맞서 싸운 고구려가 참 궁금해.

- 리카 : 수백 년 동안 분열되어 있던 중국을 통일한 나라가 수나라야. 그런데 고구려는 70년 동안에 걸쳐 수나라, 당나라와 싸웠지.

- 준하 : 그래서 이번에는 고구려와 당나라가 전쟁하던 시대로 시간여행을 가 보고 싶어.

- 리카: 누구를 만나고 싶은데?

- 준하: 연개소문과 안시성주야. 오늘은 영화를 보고 나서 그 시대의 역사에 대한 여러 가지 자료를 검색해서 읽어보기도 했거든.

- 리카: 그럼, 오늘 시간 여행을 떠날래?

- 준하: 응. 오늘 가고 싶어.

- 리카: 좋아. 그러면 지금 바로 VR 안경을 쓰고 날 불러.

준하는 VR 안경을 꺼내서 쓰고는 안경테의 가운데 버튼을 눌렀다. 바로 리카가 나타났다. 시간 여행을 떠날 때는 머리 색깔과 눈동자 색깔이 바뀌는 리카이지만, 현실 세계에서는 역시 갈색 머리에 푸른 눈동자였다.

"준하야, 안녕!"

준하는 리카가 참 예쁘다고 생각하면서 실제로 리카 같은 누나가 있으면 좋겠다고 생각했다. 그러나, 리카는 어디까지나 가상 인간이었다.

리카는 준하가 인사를 하자 다시 물었다.

"영화 재미있게 봤니?"

"응. 엄청 재미있었어. 그런데, 영화에 양만춘이라는 사람이 안시성주로 나오던데, 실제로 있었던 인물이야?"

"시간 여행을 떠나기 전에 관련 자료를 보여 줄게."

리카의 모습 옆에 큰 화면과 함께 자료가 나타났다.

〈양만춘 : 고구려 보장왕 때 안시성의 성주. 정사(역사책)에는 이름이 전하지 않고, 송준길의 〈동춘당 선생 별집〉과 박지원의 〈열하일기〉 등 야사에만 이름이 전해진다. 연개소문이 정변을 일으켰을 때, 연개소문에게 복종하지 않고 끝까지 싸워 성주의 지위를 유지하였다. 645년, 당나라 태종이 요동성·개모성·백암성 등을 함락시킨 후, 안시성을 공격하자 군사들과 백성들과 힘을 합쳐 당나라군을 물리쳤다.〉

"그게 무슨 뜻이야? 정사는 뭐고, 야사는 뭐야?"

"쉽게 말하면 양만춘이라는 이름은 역사책이 아

닌 책에만 이름이 전하고 역사책에는 이름이 전하지 않는다는 뜻이야. 역사책에는 그냥 안시성주라고만 나오거든. 그러면, 7세기의 고구려로 시간 여행을 떠나볼까? 준하야, 준비 됐지?"

"응. 지금 출발해!"

준하는 눈을 감은 채 마음속으로 하나, 둘, 셋을 세었다. 귀에서 천둥소리가 들리더니, 눈앞에 번개가 번쩍거리더니, 천둥소리가 그쳤을 때 눈을 떠 보니, 준하는 자신이 7세기의 세상으로 와 있다는 사실을 알았다. 준하가 있는 곳은 커다란 성안이었고, 그곳에는 수많은 사람이 오가고 있었다.

'저 사람들은 어디로 가는 걸까?'

사람들이 가는 방향으로 따라가 보았더니 그쪽에 다시 성문이 있었다. 그 문을 통해 들어가면 궁궐이 나오는 것이었다.

준하는 옆에 있는 리카에게 물었다.

"여기가 어디야?"

그때 갑자기 VR 안경에서 불꽃이 피어오르더니, 그리고는 준하의 눈앞에 갑자기 오렌지색 화면과 함께 빨간색 자막이 나타났다.

《돌발 퀴즈》
당신은 지금 고구려의 세 번째 수도 앞에 와 있습니다. 고구려의 첫 번째 수도는 졸본성이고, 두 번째 수도는 국내성입니다. 고구려의 세 번째 수도는 무슨 성입니까?

'오호! 이건 그냥 거저먹기네!'
"평양성!"
준하가 답을 말하자, 자막이 나타났다.

정답입니다! 고구려의 세 번째 수도는 평양성입니다. 고구려 당시 평양성의 정확한 명칭은 장수왕 때는 안학궁성, 평원왕 때 새로 쌓은 평양성은 장안성이었습니다. 퀴즈를 맞힌 데 대한 보상으로 푸드 아이템 10포인트와 워터 아이템 10포인트를 획득했습니다. 해당 아이템은 AI 저장소에 저장되며, 원할 때 음성 인식 기능을 통해서 사용할 수 있습니다.

리카가 말했다.
"이곳이 네가 방금 정답을 맞힌 고구려의 수도 평

양성이야."

"평양성이라고? 와! 대단한데?"

"고구려의 첫 번째 수도 졸본과는 비교도 안 되지? 고구려가 수도를 평양으로 옮겼을 때는 이미 엄청난 나라로 발전했으니까 궁궐도 엄청나게 웅장해졌지."

"이곳에서 연개소문을 만날 수 있으려나?"

그런데, 그 순간 갑자기 VR 안경에서 불꽃이 피어오르더니, 이번에는 준하의 눈앞에 갑자기 노란색 화면과 함께 검은색 자막이 나타났다.

이번 시간 여행에서 준하님에게 주어진 퀘스트가 있습니다. 연개소문을 만나서 안시성을 지원해 달라고 부탁하는 것이 이번 퀘스트입니다.

"헉. 이걸 나 혼자서 하라는 말이야?"
"응. 퀘스트는 너 혼자서 해야 해."
"나 혼자서 그걸 어떻게 해?"
"아이템도 확보하고 너의 능력치를, 매직 포인트를 높일 좋은 기회야. 걱정하지 말고 해 봐."

"내가 할 수 있을까? "

"첫 번째 시간 여행과 두 번째 시간 여행 때는 네가 아무런 공부도 미리 하지 않고 다녀왔어. 그런데, 이번에는 네가 스스로 미리 역사 공부를 했기 때문에 가능해. 그리고, 그때보다 조금이라도 더 용감해졌잖아? "

"그런가? "

"투명 인간으로 변하든지, 아니면 그냥 가든지 어떻게 해서라도 연개소문을 만나야 해. "

"그걸 내가 어떻게 하지? "

"네 눈에 보이지 않더라도 난 너를 계속 지켜보고 있을 테니까 걱정하지 말고 해 봐. 어차피 시간 여행 중에도 위급한 상황이 생기면 VR 안경의 가운데 버튼을 누르면 돼. "

"알았어. "

"그리고, 역사 속의 주인공을 빨리 만나고 싶으면 VR 안경의 음성 인식 기능을 이용해 봐. "

"어떤 기능인데? "

"네가 쓰고 있는 VR 안경에는 히어로 만나기 기능이 있어. 그러면 네가 만나고 싶어 하는 역사 속의 주인공을 빨리 만날 수 있게 돼."

준하는 리카가 일러주는 대로 해 보았다.

"히어로 빨리 만나기! 이름은 연개소문!"

그때, VR 안경에서 자막이 천천히 스쳐 지나갔다.

히어로 빨리 만나기 기능을 사용했습니다!
히어로와의 거리는 5백 미터입니다.

그런데, 주위를 둘러보니, 리카는 사라지고 없었다.

"어? 리카! 리카 누나!"

준하는 리카가 사라지자 걱정이 되었지만, 계속 지켜보고 있을 거라는 말을 떠올리면서 생각했다.

'히어로 빨리 만나기 기능을 사용했으니까 지금 연개소문과 나의 거리가 5백미터 밖에 안 된다는 거지? 어차피 투명 인간으로 변해서 궁궐로 들어가더라도 어쨌든 연개소문 앞에서는 내 모습을 드러내야 해. 그렇다면 일단 그냥 부딪쳐보고 만약 못 들어가게 하면 그때 투명 인간으로 변하자.'

준하는 궁궐 입구로 향했다. 순간적으로 VR 안경에 자막이 휙 지나갔다.

모험심 스킬이 초보 단계를 벗어나서 1.0이 되었습니다. 그와 함께 매직 포인트도 상승했습니다.

준하가 궁궐로 들어가려고 하자, 경비병들이 준하를 막아 세웠다.
"멈춰라!"
"어딜 가는 것이냐?"
준하는 망설이다가 대답했다.
"고구려의 대막리지이신 연개소문 그분을 만나러 왔습니다."
"뭐라고? 네가 무슨 일로?"
"꼭 드리고 싶은 말씀이 있어서 찾아왔습니다."
한 군사가 말했다.
"아주 당돌한 놈이구나. 아무나 뵐 수 있는 분이 아니다. 더구나 너 같은 어린애를 만나실 시간은 없다."
그러나 준하는 생떼를 쓰듯이 말했다.
"저는 꼭 대막리지를 만나야 합니다."
"아니, 뭐 이런 녀석이 다 있어? 당장 가지 못해?"
군사들은 준하를 밀쳐내려고 했다. 그때, 궁궐 문

을 통해 말을 탄 몇 사람이 나왔다. 그중의 한 명이 경비병들에게 물었다.

"무슨 일이냐?"

경비병들이 고개 숙여 인사를 하더니 대답했다.

"이놈이 막리지께 가야 한다고 생떼를 부려 혼내는 중입니다."

그러자, 가장 앞에서 말을 타고 있는 사람이 준하를 내려다보며 물었다.

"내가 고구려의 막리지 연개소문이다. 너는 누군데 날 만나려는 것이냐?"

준하는 연개소문을 보는 순간, 그에게는 다른 사람에게서 쉽게 느낄 수 없는 기운이 있다는 것이 느껴졌다. 연개소문은 체격이 건장하고 목소리에 힘이 있었다. 게다가 눈빛이 날카로워 상대방의 마음을 꿰뚫어 볼 것만 같았다.

연개소문을 생각보다 빨리 만난 것을 보니, VR 안경의 히어로 빨리 만나기 기능 때문일 거라는 생각이 들었다. 준하는 연개소문을 쳐다보면서 대답했다.

"저는 이준하라고 합니다."

"이준하? 어찌하여 나를 만나려는 것이냐? 지금

당나라군이 공격을 시작해서 온 나라가 정신이 없는 상황인데 말이다."

"당나라가 공격을 시작했다고요?"

"지금 육군은 요동을 향해 출발했고, 수군은 비사성을 공격하기 위해 바다를 건너고 있다."

준하는 연개소문의 말을 듣고 한참 동안 생각했다. '요동'이라는 지역 이름을 들으니, 요동성이 당나라군에게 함락된다는 내용을 인터넷에서 검색하다가 본 기억이 났다. 요동성이 당나라군에 맞서 잘 싸우다가 성안으로 바람이 분 탓에 당나라군의 화공으로 함락된 것이 기억났다.

"요동성은 함락될 거예요."

"뭐라고? 요동성이?"

연개소문 옆에 있던 갑옷 입은 장군이 준하의 말을 듣더니 눈을 부라리며 말했다.

"이놈아! 요동성은 요동 지역에서 가장 크고 중요한 성인데 함락된다고? 네 놈이 점쟁이야? 어디서 함부로 재수 없는 말을 지껄이고 있어?"

그런데, 연개소문이 손을 들어 제지하고는 준하에게 말했다.

"네가 지금 요동성이 함락될 거라고 했느냐?"

"네. 당나라군이 불화살을 쏘아서 함락될 거예요."

연개소문은 뜻밖에 웃는 얼굴로 물었다.

"그렇다면 이 전쟁은 어떻게 되느냐?"

"우리 고구려가 이길 거예요."

"그래?"

"처음에는 좀 힘든 순간도 있겠지만, 결국 승리할

거예요. 이세민은 망신만 당하고 자기 나라로 돌아갈 거예요."

준하는 미리 공부를 하고 왔기 때문에 자신 있게 대답할 수 있었다. 연개소문은 신기하다는 표정으로 준하를 보면서 말했다.

"이세민이 망신만 당한다고? 그래도 제법 듣기 좋은 말이로구나. 이보게."

연개소문은 옆에 있는 갑옷 입은 장군에게 말했다.

"신성이 중요하다."

"네?"

"만약 이 아이의 말대로 설령 요동성을 빼앗긴다고 해도 신성이 버텨 주면 된다. 당나라군은 신성과 안시성 사이에 갇혀 꼼짝 못 하게 될 것이다. 어쨌든 당나라군이 평양성에 오지 못하도록 요동으로 지원군을 보내라."

"알겠습니다. 다만 안시성이 문제입니다."

"안시성 말인가?"

'안시성'이라는 연개소문의 말에 준하는 귀가 번쩍했다.

8장
안시성에 가다

연개소문은 옆에 있는 부하들을 향해 말했다.

"하긴 안시성은 나에게 협조하지 않으려고 하지."

옆에서 부하 한 명이 말했다.

"안시성은 그냥 버리시는 것이 좋겠습니다."

"맞습니다. 우리에게 협조하지 않는 안시성 한 개 정도 버려도 당군을 이길 수 있습니다."

그때 준하가 말했다.

"안시성을 버리면 안 됩니다!"

준하의 말을 듣고 연개소문이 호기심 어린 표정으로 물었다.

"네가 뭘 안다고 그러느냐?"

"이번 전쟁에서 안시성은 나름대로 중요한 역할을 할 거예요."

"안시성이? 네 말을 들어보니까 넌 마치 예언가 같구나."

"예언가는 아니지만요."

"그렇다면 네게 다시 한번 묻겠다. 당나라군은 평양성을 공격하게 되느냐?"

"아닙니다. 이번 전쟁에서 당나라군은 평양성 근처에도 오지 못하고 패해서 도망가게 될 거예요."

"그래? 장담할 수 있느냐?"

"네!"

"네가 뭘 믿고 그렇게 대답하는지는 모르겠지만, 어차피 안시성 성주도 고구려 사람이니 결국은 함께 뜻을 모아서 싸우게 될 것이다."

"네, 맞아요."

"그래? 나도 당나라군이 평양성 근처에 오지 못하도록 요동에서 승부를 볼 생각이었다. 적들은 우리의 요동 방어선을 넘어서지 못할 것이다. 네 말이 맞는다면 나중에 널 다시 만났을 때 큰 상을 내릴 것이다. 그리고, 나에게 할 말이 또 생각나면 언제든지 찾아오너라."

"네."

"그럼, 난 갈 곳이 있으니, 너도 가 보아라."

"안녕히 가세요."

준하는 연개소문이 대담하고 마음도 넓으며 카리스마가 대단한 사람이라는 생각이 들었다.

준하는 연개소문의 뒷모습을 보다가 평양성 안을 둘러보았다. 성 밖으로는 대동강이 흐르고 있었다. 준하는 평양성이 대단히 튼튼한 성이라는 사실을 알 수 있었다.

평양성 밖으로 나올 때 VR 안경에 자막이 나타났다.

모험심 스킬이 3.5로 상승했습니다. 그와 함께 매직 포인트도 상승했습니다. 또한 퀘스트 수행에 대한 보상으로 무기 아이템 10포인트를 획득했습니다.

'모험심 스킬이 많이 올라갔네? 게다가 처음으로 무기 아이템을 획득했어!'

준하는 뿌듯한 생각이 들어서 기분이 좋았다. 준

하는 평양성 밖으로 나와서는 VR 안경의 가운데 버튼을 눌렀다.

버튼을 누르자마자 리카가 나타났다.

"리카! 어디 있었어?"

"어디 있기는? 네 뒤를 따라다니면서 널 지켜보고 있었지."

"그럼, 내가 연개소문을 만나는 것도 봤겠네?"

"물론이지. 만나 보니까 어땠어?"

"왕과 신하들을 죽였다고 해서 잔인한 사람인 줄 알았는데, 생각보다 훨씬 멋있는 것 같아."

"그래? 내가 지켜보니까 너, 용기 있게 말 잘하더라."

"그래서인지 모험심 스킬도 상승했고, 무기 아이템도 처음으로 얻었어."

"벌써 많이 발전했는데?"

"난 이제 안시성으로 가 보고 싶어."

"좋아. 그러면 안시성으로 공간 이동하자. 네가 스스로 공간 이동하는 방법을 가르쳐 줄게."

"어떻게 하면 되는데?"

"VR 안경의 음성 인식 기능을 이용하면 돼. 서기

645년 음력 6월 고구려 안시성, 시간 공간 동시 이동이라고 말해 봐."

준하는 리카가 시키는 대로 말했다.

"서기 645년 음력 6월, 고구려 안시성! 시간 공간 동시 이동!"

준하는 갑자기 어지러운 느낌이 들었다. 그런데, 잠시 후, 준하가 서 있는 곳은 어느 성벽이었다.

"준하야."

리카는 준하의 바로 옆에 있었다.

"이곳이 안시성이야?"

"그래. 이곳은 안시성 동쪽 성벽이야. 이미 전투가 시작된 지 한참 되었어."

"벌써?"

"그래. 지금 안시성 안 사람들은 모두 정신없을 거야."

준하는 리카와 함께 성벽을 통해 벌판을 바라보았다. 지금은 싸움을 멈춘 상태라서 당나라군이 멀찍이 물러나 있었으나, 〈안시성〉 영화에서 본 것처럼 수를 헤아릴 수 없을 정도로 많은 군사가 벌판을 새까맣게 덮고 있었다.

준하는 인터넷에서 검색했던 당나라군이 토산을 쌓고 안시성을 공격했다고 한 내용과 <안시성> 영화의 내용을 생각하면서 말했다.

"아직 토산은 없네?"

"아직 토산은 쌓지 않았어."

"그런데, 안시성 성주 양만춘 장군을 만날 수 있을까?"

"이곳은 안시성이니 당연히 만날 수 있지."

"그럴까?"

"이름이 양만춘인지 확실하지 않다고 했지만, 그래도 성주님을 빨리 만나고 싶다."

"그럼, 이번에도 VR 안경의 히어로 빨리 만나기 기능을 이용해 봐."

"맞다! 그 기능이 있었지? 그 덕분에 연개소문도 빨리 만날 수 있었어!"

준하는 평양성에서 했던 대로 음성 인식을 이용해서 히어로 빨리 만나기 기능을 사용했다.

"히어로 빨리 만나기. 이름은 미상, 관직은 안시성주!"

그때, VR 안경에서 자막이 천천히 스쳐 지나갔다.

히어로 빨리 만나기 기능을 사용했습니다! 안시성주가 백 미터 거리에서 이쪽으로 다가오고 있습니다.

'백 미터라고? 엄청 가까운 데 있네? '
 준하가 주위를 두리번거리고 있을 때, 준하의 등 뒤에서 목소리가 들렸다.
"거기 누구냐? "
 갑옷을 입고 있는 늠름한 장수가 준하를 보고 말했다. 준하는 그 순간, 말을 건 사람이 양만춘이라는 이름으로 알려진 안시성주일 것 같다는 생각이 들었다.
"앗! 혹시 성주님이세요? "
"그래. 내가 안시성 성주이다. 너는 누군데 위험하게 성벽에서 그러고 있는 것이냐? 이름이 뭐니? "
"저는 준하고요, 저의 누나는 리카예요."
"그런데, 언제 적군이 공격해올지 모르는데, 어째서 여기 있는 거야? 너희들이 이곳에 서 있는 모습을 보고 일부러 다가온 것이야."
"적군이 얼마나 되는지 보고 싶어서 서 있었어요."
"이곳은 너 같은 어린아이가 있을 곳이 아니다.

누나와 함께 어서 마을로 가거라."

그때, 갑옷을 입은 사람 중 한 명이 다가와 양만춘에게 말했다.

"성주님. 당나라군의 움직임이 수상합니다."

"수상하다고?"

"좀처럼 공격할 기미를 보이지 않습니다. 뭔가 공사를 하는 듯합니다."

준하는 그 말을 듣고 양만춘에게 말했다.

"아마 당나라군은 토산을 쌓고 있을 거예요."

"뭣이? 토산이라고?"

양만춘은 놀라는 얼굴을 했다. 이번에는 리카가 말했다.

"성벽보다 높은 토산을 쌓고 그 위에서 성안을 들여다보며 공격하려고 하는 거죠."

"그런데 너희들이 그걸 어떻게 아니?"

양만춘의 말에 리카가 대답했다.

"적군의 움직임을 보고 짐작한 거예요."

"그래? 어쨌든 어서 마을로 가거라. 이곳은 위험하다."

그러나 준하는 애원하듯 말했다.

"그냥 여기 있으면 안 될까요?"

"그건 안 된다. 적군의 화살이 날아오는 곳에 있으면 안 돼."

양만춘은 뒤를 돌아보더니 한 군사에게 말했다.

"어서 이들을 안전한 곳으로 대피시켜라!"

"예, 성주님."

준하와 리카는 두 명의 군사들을 따라서 백성들의 마을과 집이 있는 곳으로 가게 되었다. 마을 사람들은 부지런히 돌을 나르고 있었다. 준하는 지나가는 아저씨에게 물었다.

"아저씨, 왜 그렇게 돌을 계속 나르는 거예요?"

"당나라군의 수가 워낙 많기 때문에 이대로 싸움이 길어지면 화살이 떨어질 수도 있다. 그래서 성주님께서 돌멩이를 잔뜩 준비해 놓으라고 하셨다. 화살이 떨어지면 돌멩이를 가지고라도 적군과 싸워야지."

안시성의 고구려 백성들은 모두 부지런히 움직이고 있었다. 준하는 그 모습을 보면서 리카에게 말했다.

"백성들이 군사들에게만 맡겨 놓고 있는 것이 아

니라 함께 싸우고 있어."

준하의 말에 리카가 대답했다.

"그래서 고구려 사람들의 용맹스러움과 함께, 안시성 전투가 훗날까지 사람들에게 널리 알려지게 된 거야."

"나도 함께 싸우고 싶어!"

"기회가 올 거야. 곧 당군이 또 한 차례 공격해 올 거야. 온 백성들이 당군과 맞서 싸울 테니까 그때 너도 무엇인가 도와 봐!"

리카의 말대로 시간이 조금 지나니까 갑자기 군사들이 분주하게 움직이기 시작하더니, 성 밖에서 함성이 들렸다. 그러더니 백성들이 외치는 소리가 들렸다.

"당군이 공격해온다!"

"끓는 물과 돌을 준비해라!"

그때, 리카가 말했다.

"준하야. 이제 네가 활약할 기회야! 저도 돌을 날라서 어른들에게 갖다줘!"

어린아이들과 여자들은 돌을 날라서 남자 어른들에게 갖다주었고, 어른들은 그것으로 성벽을 기어

오르는 당군을 공격해서 성벽을 올라오지 못하게 했다.

전투는 점점 치열하게 전개되었다.

그때, 군사 중 한 명의 목소리가 들렸다.

"성주님! 성안의 돌이 떨어져 가고 있습니다!"

주위를 살펴보니, 안시성주의 모습이 보였다.

"뭣이?"

"이젠 화살을 더 많이 사용해야 할 것 같습니다!"

"화살을 아껴야 한다! 화살이 다 떨어지면 끝장이야!"

"그렇지만 성안에 남아 있는 돌이 별로 없어서 어떡하죠?"

군사의 말을 듣고 양만춘은 고심하는 모습이었다. 그때, 리카가 준하에게 말했다.

"준하야! 이럴 때 저장해 놓은 무기 아이템을 사용해 봐!"

"무기 아이템?"

준하는 리카가 일러주는 대로 음성 인식을 통해 말했다.

"무기 아이템 사용!"

그러자, VR 안경에 자막이 스쳐 지나갔다.

보상으로 획득한 무기 아이템으로 커다란 바윗돌 오백 개를 사용할 수 있습니다. 모두 사용하시겠습니까?

준하는 바로 대답했다.
"오백 개 모두 사용!"
그러자, 성안 구석에 돌무더기가 생겼다. 준하는 그곳을 바라보면서 양만춘에게 다가가서 말했다.
"성주님! 바윗돌이 더 있어요!"
"뭐라고? 바윗돌이 더 있다고? 어디에 말이냐?"
"잠깐 와 보세요!"
준하는 양만춘에게 자신이 획득한 아이템으로 생긴 오백 개의 바윗돌이 있는 곳을 가리키며 말했다.
"여기예요!"
"어떻게 네가 이런 곳을 찾았니? 정말 다행이다!"
양만춘은 부하 장수들에게 말했다.
"백성들과 함께 이 바윗돌을 날라서 적군을 공격하라!"

"예, 성주님!"

군사들은 화살을 아껴서 간간히 사용하는 한편, 백성들과 함께 돌을 이용해서 당군을 공격했다.

여자와 어린아이, 노인들까지 안시성 안의 모든 백성이 맞서서 온 힘을 다해 싸우자 결국 당군은 공격을 중지하고 물러갔다.

군사와 백성들은 당군이 물러나는 모습을 보고 환호했다.

"와! 당군이 물러간다!"

"우리가 이겼다!"

그 순간, 다시 자막이 준하의 VR 안경을 스치고

지나갔다.

모험심 스킬이 3.7로 상승했습니다.
그와 함께 매직 포인트도 상승했습니다.

'매직 포인트가 또 올라갔어! 모험심 스킬도!'
그러나, 아직 전투가 끝난 것은 아니었다. 준하는 당나라군이 물러가는 모습을 보면서 리카에게 말했다.
"고구려군이 승리하는 모습을 빨리 보고 싶어."
"그러면 이번에는 시간 이동해서 가야 해! 음성 인식 기능을 이용해 봐!"
준하는 음성 인식을 통해 VR 안경에게 말했다.
"안시성 토산 전투, 시간 이동!"

잠시 후, 준하와 리카는 같은 장소에 있었는데, 안시성 안의 군사들은 부지런히 움직이고 있었다. 군사들이 움직이는 것 외에는 안시성은 마치 폭풍이 몰려오기 전날 밤 같은 분위기였다.
그런데, 군사들 두 명이 달려오더니 그중 한 명이 준하를 보고는 반가운 표정으로 말했다.

"드디어 찾았다!"

"그때 그 소년 맞지?"

"틀림없어. 그 소년과 누나 맞아! 내가 성주님의 명으로 저들을 마을에 데려다주었거든. 너, 전에 내가 마을로 데려다주었던 일 기억나지?"

군사 중의 한 명이 준하에게 물었다.

"네, 기억나요."

"성주님이 너희들을 찾으신다."

"저희를요?"

"지금 기다리고 계실 테니, 어서 가자."

준하와 리카는 그들을 따라갔다. 성루에서 양만춘이 기다리고 있다가 준하와 리카를 보더니 말했다.

"오, 왔구나."

"성주님. 안녕하세요?"

그런데, 성 밖에 아주 높은 토산이 보였다. 정말로 당나라군은 안시성 성벽보다 더 높은 토산을 쌓아놓은 것이었다. 성 한 개를 빼앗기 위해서 흙으로 그렇게 거대한 토산을 쌓은 것은 아마 세계 역사상 찾아보기 힘든 일일 거라는 생각이 들었다.

준하는 거대한 토산을 보고는 할 말을 잃었다. 그

러고, 토산을 한참 동안 바라보다가 양만춘에게 물었다.

"그런데, 안시성이 그렇게 중요한 성인가요? 저렇게까지 해서 빼앗으려고 하다니 말이에요."

"저걸 쌓으려면 엄청나게 힘들었을 것 같은데요."

옆에서 리카도 말했다. 양만춘이 대답했다.

"당나라군은 무려 두 달간에 걸쳐서 저 토산을 쌓았으니, 저들이 안시성을 얼마나 중요하게 생각하는지 알 수 있지. 지금까지 요동성과 백암성, 그리고 개모성이 함락되었고, 고연수와 고혜진 장군이 이끄는 지원군이 주필산에서 당나라군에게 크게 패하기는 했지만, 신성과 건안성이 굳건하게 버텨 준 덕분에 지금 당나라군은 더 이상 앞으로 나아가지 못하고 있다. 당나라군은 이곳 안시성을 함락시켜야 국내성으로 진격할 수 있을 것이고, 또 평양성까지 진격할 수 있을 거야. 만약 안시성을 그냥 놓아둔 채 진격했다가 우리 고구려군이 후방을 공격하면 매우 곤란하게 될 테니 말이야. 저번에 당나라군이 토산을 쌓을 거라고 말했던 기억이 나서 너희들을 찾아오라고 했다."

양만춘의 말을 듣고 리카가 대답했다.
"곧 비가 올 거예요."
"비가 올 거라고?"
"네. 그러면 토산의 일부가 무너지고, 성벽의 일부도 무너질 거예요."
"그걸 어떻게 아니?"
양만춘의 말에 리카는 웃음을 지으면서 더 이상 대답하지 않았다.
"신녀(신을 모시는 여자)는 아니겠지?"
이번에는 준하가 말했다.
"어쨌든 비가 오면 성벽 일부가 무너질 거예요."
"너희들 말대로라면 그때를 틈타서 반드시 토산을 점령해야지. 토산을 점령한다면 승리는 우리의 것이니까."
"그런데, 저희 그냥 여기 있으면 안 돼요?"
준하의 질문에 양만춘은 난처하다는 표정으로 대답했다.
"언제 화살이 날아들지 모르는데, 위험해서 안 된다. 백성들은 안전한 곳에 있어야 해. 적으로부터 나라를 지키고 백성들을 보호하는 것이 성주가 해야 할 일이야."

"부탁이에요. 우린 고구려 군사들이 용감하게 싸우는 모습을 보고 싶단 말이에요."

"잠깐은 몰라도 계속 있는 것은 안 된다."

"그럼, 당나라군이 다시 성을 공격하기 시작하면 돌아갈게요."

"정말 약속할 수 있지?"

"네."

준하의 끈질긴 부탁에 양만춘은 적군의 공격이 시작되기 전까지는 있어도 좋다고 허락했다.

그때, 양만춘의 부하가 다가와서 말했다.

"성주님. 비가 내리고 있습니다."

"그래?"

잠시 앉아 있던 양만춘은 성루 밖을 내다보았다. 비가 오고 있었다. 양만춘은 신기하다는 표정으로 준하와 리카를 보고 말했다.

"정말로 비가 오는구나."

어느새, 날이 어두워지고 있었다. 양만춘은 부하들에게 말했다.

"오늘 밤에 성 주위를 돌면서 경비를 철저하게 해

라. 그리고, 무슨 일이 있으면 즉시 보고해라."

"예, 성주님!"

양만춘은 다시 준하와 리카에게 말했다.

"너희들, 정말 여기 있어도 괜찮겠니? 이곳 성루에 있으면 잠도 편안하게 못 잘 텐데……."

"괜찮아요."

"이불을 갖다주어라."

양만춘은 준하와 리카에게 이불을 갖다주라고 했다. 준하는 이불을 덮고 누웠다. 리카도 저만치에 가서 누웠다. 안시성의 밤이 깊어가고 있었다. 준하는 깜빡 잠이 들고 말았다. 그런데, 다시 눈을 떴을 때, 저만치에서 누워 있던 리카의 모습이 보이지 않았다.

"어? 리카 누나!"

준하는 깜짝 놀라서 자리에서 일어났다.

<사진 7> 안시성 내부의 모습

안시성의 내부는 지금 과수원이 되어 있는데, 내부 규모가 작은 성이다. 이처럼 작은 안시성의 군사와 백성들이 똘똘 뭉쳐서 수십만 명의 당나라 대군을 물리쳤다.

9장
이세민을 꺾은 연개소문

그러나 아무리 보아도 리카는 보이지 않았다.

'도대체 어디에 간 걸까?'

준하는 리카를 찾아보다가 리카가 했던 말이 생각나서 VR 안경의 가운데 버튼을 눌렀다.

그러자, 곧바로 리카가 나타났다. 준하는 리카에게 물었다.

"갑자기 어디 갔었던 거야?"

"네가 잠자고 있어서……"

"누나는 잠 안 자?"

"나는 가상 인간인데 무슨 잠을 자?"

"맞다. 그렇지?"

"너도 지금 시간 여행 중이기 때문에 사실 시간을 스킵하면 잠잘 필요는 없어."

"사실 잠자고 싶지도 않아. 그런데, 배가 너무 고프네?"

"네가 획득한 아이템을 사용하면 되잖아?"

"맞아. 그래야겠다."

준하는 워터 아이템과 푸드 아이템을 10포인트씩 사용해서 물 한 그릇과 주먹밥 한 개를 먹었다.

"전투가 어떻게 될지 정말 궁금해."

"이제 곧 뭔가 소식이 올 거야."

"그래?"

준하는 리카의 말에 어떤 소식이 올지 궁금해졌다.

그때, 군사 한 명이 달려오더니 다급한 목소리로 외쳤다.

"성주님!"

"무슨 일이냐?"

"큰일 났습니다! 비가 오면서 당나라군이 쌓은 토산의 일부가 무너져 내렸습니다! 그런 가운데, 토산의 흙더미에 깔려 성벽의 일부가 무너져 내렸습니다!"

"당황할 필요 없다."

군사는 양만춘의 태연한 말투에 놀라면서 말했다.

"네? 하지만 성벽이 무너진 걸 알고 당나라군이 공격해 들어오면 큰일이 아닙니까?"

양만춘은 부하들에게 명령했다.

"지금 즉시 군사들을 동원하여 무너진 성벽으로 빠져나가 토산을 점령하라! 지금이 토산을 점령할 좋은 기회이다!"

성주의 명령을 받은 고구려 군사들은 어둠을 틈타 무너진 성벽 사이로 빠져나가 토산을 오르기 시작했다.

토산을 지키고 있던 당나라군은 고구려군의 기습

을 받고 당황했다.

"기습이다! 고구려군의 기습이다!"

마침, 토산을 지키던 당나라군의 책임자 부복애가 토산을 떠나 있었기 때문에 군사들은 더욱 당황하였다. 결국 고구려 군사들은 당나라 군사들을 물리치고, 토산을 점령했다.

토산을 점령한 고구려 군사들의 함성이 천지를 진동했다. 성주 양만춘의 부하가 달려와 큰 소리로 외쳤다.

"성주님! 토산을 점령했습니다! 토산을 지키던 당나라군은 궤멸되었습니다!"

"수고했다!"

양만춘은 기쁜 표정으로 대답했다. 안시성 성벽보다 높이 쌓은 토산은 고구려 측에게 큰 위협이 되었는데, 그것을 점령한 것이었다. 금세 날이 밝았다. 준하는 거의 밤을 새웠더니, 무척 졸렸다.

성 밖을 내다보니 당나라군들은 멀리 물러나 있었다. 준하는 벌판을 새까맣게 덮고 있는 당나라 군사들의 모습을 보면서 생각했다.

'당나라 군사들은 정말 많기도 하다. 이 적은 수

의 고구려 군사들이 저 많은 당나라 군사들을 이겼단 말이야? 그것도 전쟁의 천재라는 당 태종이 직접 이끌고 온 군대인데?'

그런 생각을 하고 있을 때, 준하의 눈앞에 갑자기 오렌지색 화면과 함께 빨간색 자막이 나타났다.

〈돌발 퀴즈〉
고구려를 침공하여 연개소문과 대결을 펼친
당 태종의 본명은 무엇입니까?

예습을 미리 충분히 해서 그런지 몰라도 바로 답이 떠올랐다.
"이세민!"
준하가 답을 말하자, 자막이 나타났다.

정답입니다! 연개소문과 대결한 당 태종의 본명은 이세민입니다. 이세민은 고구려와의 전쟁에서 패해 병에 걸린 후, 4년 후에 죽으면서 다시는 고구려를 공격하지 말라고 하는 유언을 남겼습니다.
퀴즈를 맞힌 데 대한 보상으로 지혜 아이템 10포인트

를 획득했습니다. 해당 아이템은 AI 저장소에 저장되며, 원할 때 음성 인식 기능을 통해서 사용할 수 있습니다.

"아싸! 정답이다! 그런데, 이세민에 대해 더 알고 싶은데…… 이것도 음성 인식일 사용해볼까?"
준하는 큰 소리로 말했다.
"당 태종 이세민에 대한 정보를 알려 주세요!"
그러자, VR 안경을 통해 화면이 펼쳐지더니, 자막이 나타났다.

당나라의 두 번째 황제인 태종 이세민은 아버지인 당고조 이연을 도와 당나라를 건국하는데 큰 공을 세웠고, 당나라의 황제가 되자 토번과 돌궐, 토욕혼, 고창국 등 주변 나라들을 모조리 점령했다. 황제의 자리에 오르기 위해 형인 태자 이건성과 동생 이원길을 죽였고, 아버지 이연을 협박하는 패륜을 저질렀지만, 황제가 된 이후로는 어진 정치를 펼쳤을 뿐 아니라 싸움에 나서기만 하면 승리하는 백전백승의 용사이기도 했다.

이세민에게 있어 고구려는 마지막 숙제였다. 고구려만 무너뜨리면 세상을 다 얻게 되는 것이나 다름없다고 생각하고, 그는 대대적인 고구려 침략을 감행했지만, 전쟁을 총지휘한 연개소문에게 무릎을 꿇었다. 안시성 전투 패배 이후에 연개소문이 유목 민족인 설연타를 고구려의 편으로 만들자, 위기를 느낀 이세민은 고구려군의 추격을 피해 요택을 통해 철군하다가 피부병을 얻었고, 그 후에도 몇 차례 더 고구려를 공격했으나, 번번이 실패했으니, 천하를 제패했던 당 태종 이세민이 유일하게 이기지 못한 적이 바로 고구려이고, 또한 연개소문이다.

준하가 내용을 다 읽자, 자막이 사라졌다. 그때 성 밖을 내다보고 있는 성주 양만춘의 모습이 보였다. 준하는 리카와 함께 양만춘에게 다가가 인사를 했다.

"성주님."

"오, 잘 잤니?"

그때, 부하 중 한 사람이 달려오더니, 양만춘에게 말했다.

"성주님. 당군이 곧 철군한다고 합니다."

"철군한다고? 그게 사실이냐?"

"네. 그리고 막리지가 보낸 군사가 편지를 가지고 왔습니다."

"그래? 어디 보자."

양만춘은 부하가 내미는 편지를 펼치더니 읽어 보았다. 그러고는 웃음 띤 얼굴로 말했다.

"이제 이세민을 잡을 차례로구나."

"네?"

"막리지 연개소문이 나에게 부탁했다. 안시성을 지키느라 수고했다고. 이세민이 철군을 시작하면 뒤를 공격해 달라고 말이다."

"정말입니까?"

"막리지는 이미 요동의 군사들에게 명을 내려 요하의 상류와 중류를 지키고 있다고 한다. 우리가 이세민의 뒤를 공격하면 당나라군은 늪지대인 요택으로 도망칠 수밖에 없을 것이다. 요택을 건너는 것은 쉽지 않을 테니 그곳에서 이세민을 붙잡을 것이다."

"이세민을 붙잡는다니 상상만 해도 기쁜 일입니다."

"이 전쟁을 일으킨 장본인이 아니냐? 이세민을 잡으면 더 이상 당나라는 우리 고구려를 침략해오지 못할 것이다."

양만춘은 부하 장수들에게 말했다.

"당군이 물러가는 대로 즉시 철수하는 당군의 뒤를 공격할 준비를 하거라."

"예, 성주님!"

부하들이 대답하자, 준하는 양만춘에게 물었다.

"성주님."

"그래, 말해 보아라."

"궁금한 것이 있어요."

"뭔데?"

"성주님은 연개소문과 사이가 나쁘지 않나요? 성주님은 연개소문의 정변에 반대하신 것으로 알고 있거든요. 그런데, 연개소문이 편지를 보내고, 또 성주님은 그 말대로 하시다니 좀 이해가 안 돼서요."

"지금은 온 나라가 전쟁을 치르고 있다. 예전에 어쨌든 지금은 힘을 모아서 적군을 물리쳐야 하지 않겠느냐?"

준하와 리카는 성벽에서 양만춘과 함께 성 밖을

내다보고 있었다. 시간이 더 지나자 당나라 군사들이 물러가기 시작했다. 누군가가 큰 소리로 외쳤다.

"당나라군이 물러간다!"

"우리가 승리했다!"

"우리가 당나라를 물리쳤다!"

군사들과 백성들은 당나라 군사들이 물러가는 모습을 보고 양손을 높이 들고 함성을 질렀다.

"와! 우리가 이겼다!"

그것은 기쁨과 감격에 가득 찬 함성이었다. 군사들이 양만춘에게 다가와 말했다.

"성주님! 우리가 당나라 대군을 물리쳤습니다!"

"우리가 승리를 거두었습니다!"

"우리가 끝내 안시성을 지켰습니다!"

부하들이 감격 어린 표정으로 말하자 양만춘도 기쁨을 감추지 못하고 웃음을 지었지만, 이내 차분한 표정으로 말했다.

"이것으로 끝이 아니다."

"네?"

양만춘은 옆에 있던 부하 장수들에게 말했다.

"군사들을 보내서 즉시 퇴각하는 당나라군을 뒤

쫓아라."

"네! 성주님!"

"우리가 추격한다는 사실만으로도 당나라군에게는 상당한 부담이 될 것이다. 추격만 하면 그 후의 일은 막리지께서 알아서 할 것이다."

"알겠습니다. 성주님."

곧 안시성 성문이 열리더니 고구려 군사들이 출격하였다. 그러고는 당나라군을 뒤쫓기 시작했다.

리카가 준하의 귀에 대고 말했다.

"이제 그만 현실 세계로 돌아가자."

"그래? 아쉽지만 가야겠네."

준하는 VR 안경의 오른쪽 버튼을 눌렀다. 비가 오는 소리가 들리는 것 같더니, 준하는 자기 방 책상 앞에 앉아 있었다. 그리고, 리카는 어느새 본래 모습인 갈색 머리에 푸른 눈동자의 가상 인간으로 변해서 준하의 앞에 있었다.

"세 번째 시간 여행도 무사히 마쳤구나!"

"고마워! 리카 덕분이야!"

"이번에 보니까 아직 세 번째인데, 처음보다 여러 가지로 좋아진 것 같아."

"그래? 그런데, 연개소문을 한 번 더 만나고 싶었는데, 좀 아쉬워."

"그래도 연개소문과 안시성주를 다 만나 봤잖아? 평양성과 안시성에도 가 보고 말이야."

"근데, 당 태종 이세민은 어떻게 되는 거야? 내가 시간여행을 가기 전에 찾아본 자료에는 이세민이 철군하기 전에 안시성주에게 비단 백 필을 선물하여 나라에 충성한 공을 칭찬했다고 하던데. 그건 어떻게 된 거야?"

"역사책에 있는 기록을 곧이곧대로 다 그대로 믿을 수는 없어."

"잉? 역사책인데?"

"물론, 기록을 존중해야 하지만 상식선에서 생각해야 할 문제들이 있어. 이세민이 고구려군의 추격으로 당나라로 간신히 돌아간 것을 생각할 때 안시성주에게 잘 싸웠다고 비단 백 필을 선물했다는 것은 말도 안 되거든. 당 태종 이세민의 체면을 살려 주기 위해 중국 측에서 그런 기록을 써 놓은 것이 아닌가 싶어."

"이세민이 고구려 군사의 화살에 한쪽 눈을 맞았

다고도 하던데?"

"그것도 확실하지는 않아. 진짜로 화살에 맞았는지, 아니면 고구려에 전쟁에서 패해 그 충격을 상징적으로 그렇게 표현한 것인지 말이야. 다만 전쟁과 관련하여 어느 정도 확실하다고 보이는 것은 이런 것들이야. 내가 인공지능으로 정리한 것을 화면으로 보여 줄게."

화면에는 리카가 정리한 내용들이 자막과 함께 보였다.

*고구려가 당나라에 승리할 수 있었던 이유는 안시성 전투의 승리도 있지만, 신성이 굳건하게 버텨 주었기 때문이다.

*서기 645년, 고구려와 당나라의 1차 전쟁에서 안시성주의 역할도 있었지만, 당나라와의 전쟁을 주도적으로 이끌어서 결국 승리를 거두게 한 인물은 연개소문이다.

*이세민이 안시성에서 패한 후, 당나라로 돌아가려고 하자 연개소문은 그를 사로잡기 위해 군사를 보냈다. 고구려 군사들이 요하 상류와 중류를 미리 지

키고 있다는 사실을 알고 이세민은 요하 하류에 있는 요택이라는 늪지대를 통해 간신히 당나라로 돌아갈 수 있었다.
*이세민은 후에 등창 등 피부병으로 고생하다가 세상을 떠났는데, 요택을 건너다가 늪지대에서 얻은 피부병이 원인이 된 것으로 보인다.
*이세민은 죽기 전에 다시는 고구려를 공격하지 말라는 유언을 남겼다.

준하는 리카가 정리해 준 내용을 읽고는 말했다.
"그런데, 당 태종 이세민이 다시는 고구려를 공격하지 말라는 유언을 남겼는데도 그의 아들 당 고종 이치는 고구려를 또 공격했단 말이야?"
"이치는 아버지 이세민처럼 똑똑한 사람은 아니었지만, 다시 고구려를 공격했어."
"언제 공격했어?"
"서기 661~662년 고구려와 당나라의 2차 전쟁이 일어났는데, 이때 당나라는 고구려의 요동 방어망을 결코 뚫을 수 없다는 사실을 알고, 바다를 건너 곧장 평양성을 공격했어. 그래서 몇 달 동안 평양성이 포위되기도 했지만 결국 대동강 인근의 사수에서 연개소문이 지휘하는 고구려군은 당나라의 장군 방효태 군을 몰살시키면서 '사수 대첩'이라는 대승을 거두었어."

"사수 대첩?"

"살수 대첩이나 안시성 전투처럼 널리 알려진 승리는 아니지만, 사수 대첩으로 인해 당나라의 소정방이 이끄는 군사들은 추위와 굶주림에 죽을 뻔했는데, 신라의 김유신이 지원해 준 식량을 먹고 간신히 목숨을 건져 당나라로 도망치게 돼. 그리고 그 후, 당나라는 고구려에 대해 싸울 의욕을 완전히 상실하게 돼."

"그런데 고구려가 결국 왜 망하는 거지?"

"그것은 연개소문의 세 아들이 분열되어 싸웠기 때문이고 가장 결정적인 것은 동생들에게 밀려난 큰아들 연남생이 배신하여 당나라에 항복하고 당나라의 앞잡이 노릇을 했기 때문이지."

"어딜 거나 배신자들이 문제구나."

"어쨌든 중국 역사에서도 손꼽히는 위대한 황제라는 당 태종 이세민은 고구려에 패하고, 나중에 죽으면서 무척 비참한 심정이었을 것 같아. 그리고, 연개소문은 비록 정변을 일으키고 독재했지만, 당나라를 물리친 영웅이었고, 중국의 경극에 계속 등장했을 만큼 중국인들에게 대단한 인상을 심어 준 인물이었어."

"리카 누나. 아무튼 중국은 옛날이나 지금이나 인구도 가장 많고 줄곧 큰 나라였던 거지?"

"그렇지. 수십 개의 종족이 합쳐진 나라였고, 여진족이나 거란족, 몽골족 등 이민족에게 지배당한 역사가 많은 나라이기도 하지만 옛날이나 지금이나 강대국이지."

"그렇다면 그런 중국에 맞서 싸운 고구려는 어떤 나라라고 해야 할까?"

"상대방이 아무리 강해도 굴하지 않고 싸웠으니까 불굴의 투혼을 가진 나라가 고구려라는 생각이 들어. 준하 너도 그런 불굴의 투혼을 배워봐."

"다음엔 또 어느 시대에 어느 인물을 만나러 시간여행을 갈지 생각해 봐야겠어."

"그러면 생각해 보고 또 연락해."

"그래, 리카 누나. 고마웠어."

준하가 인사를 하자, 리카는 손을 흔들더니 순식간에 사라졌다. 준하는 리카가 사라지자 태블릿을 켜 보았다.

세 번째 시간 여행을 무사히 마친 것을 축하합니다! 현재 이준하 님의 아이템 획득 상황과 매직 포인트는 다음과 같습니다.

　잔여 워터 아이템: 45(70-25)
　잔여 푸드 아이템: 20(40-20)
　잔여 무기 아이템: 0(10-10)
　잔여 지혜 아이템: 30
　총 매직 포인트(Total MP): 722

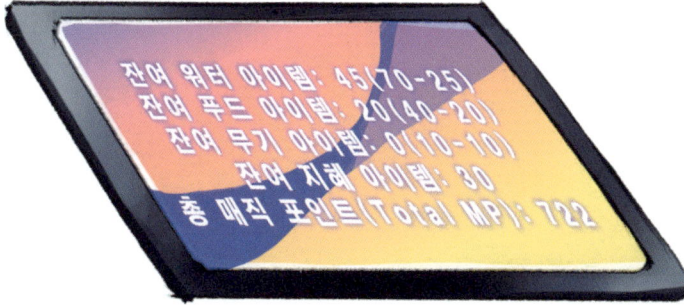

'와! 매직 포인트가 대폭 올라갔어!'

준하는 마치 성적이 오른 것처럼 기분이 좋았다. 게임에서 포인트가 올라갔을 때도 이렇게 좋았던 적은 없었던 것 같았다.

'이제 나도 엄마한테 자신 있는 과목, 아니 적어도 좋아하는 과목이 생겼다고 말할 수 있을 것 같아. 그리고, 앞으로는 한국사를 게임하듯이 재미있게 공부할 수 있을 것 같아!'

그때, 태블릿으로 또 하나의 메시지가 왔다.

이준하 님. 이번 시간여행도 수고하셨습니다! 퀘스트를 무사히 수행하신 것을 축하합니다! 특히, 모험심 스킬이 많이 높아졌네요! 4차 시간 여행에서는 준하 님의 능력치를 더 높일 수 있을 것을 기대하겠습니다.

<사진 8> 고구려 무용총 벽화

고구려의 두 번째 수도 국내성 지역에 남아 있는 무용총의 벽화이다. 고구려는 이처럼 국내성 시대에는 무용총의 무용도나 수렵도, 또는 각저총의 씨름도 등 생활 풍습을 그린 벽화를 많이 남겼고, 평양으로 도읍을 옮긴 후에는 사신도 벽화를 주로 남겼다.

AI 한국사 게임

삼국시대의 재미있는 이야기 (1)

초판 1쇄 발행 2023년 1월 27일

지은이 은하수
일러스트 무나
편집·디자인 이스안
발행인 윤화자
펴낸곳 하나미디어
등록번호 000020호
이메일 hana23media@naver.com

ISBN 979-11-981361-1-4 (74810)
　　　979-11-981361-0-7 (세트)

책값은 뒤표지에 있습니다.
잘못된 책은 구입처에서 바꾸어 드립니다.